クランボルツに学ぶ夢のあきらめ方

海老原嗣生

星海社

109
SEIKAISHA
SHINSHO

あなたには夢がありますか？

夢がある人、
あなたは夢にこだわりすぎていませんか？

ビッグ４は「夢はかなわない」と言います

”オレは〝夢はかなう〟という言葉が嫌い。
夢はかなわないよ。夢のかなわない自分をどう生きるか。
今の社会はやればできるとか、
何か他人に勝るものがあるというけれど、
オレはそういうのがなくてもいいと思うの。
ただ生きることが一番大切であって、
負け続けることも大切だと思う。
思ったことがすべてかなっちゃったら、人生はつまらない。“

”努力は
報われると
思う人は
ダメですね。“

”かなうものは叶う。
叶わないものは
かなわない。
そう決まっているのだ。“

”僕らって努力じゃないんですよねぇ。
「山の頂上に登る」
っていうんじゃなくて
「山の頂上にいることを知ってもらいたい」
みたいな感覚が
僕はあるような気がするんですけどね。“

はじめに

お笑いビッグ４は「夢などかなわない」とくさします。

一方、ジョブズやホリエモンは「好きにこだわれ」と鼓舞します。

いずれも、夢をかなえた人たちです。さて、どちらが正しいか。

人生を考える上で、夢というファクトは、どう料理すればよいか答えに窮するものです。

親や教師も、子供たちにアドバイスするとき、夢に関しては矛盾《むじゅん》する発言をよくします。

たとえば、「芸人になりたい」「ダンスで生計を立てる」「プロのアスリートを目指す」。学校を卒業してもこんな夢を追いかけて、定職に就かない子供たちがいたら、親や教師はきっとこう言うはずです。

「いい加減、目を覚ませ。**夢ばかり追いかけていないで、**地に足のついた生活をしろ」

一方で、仕事場や学校と家の往復だけで、趣味もなく、あとはテレビとネットを見ているだけの若者がいると、親や教師はこうも言うはずです。

「そんな夢のない生活ばかりしているな。若いんだからもっと何かを目指し挑戦しろ」

夢にこだわりすぎるのもいけないし、夢がないのもいけない。これでは一体どうしたらよいかわからなくなってしまうでしょう。

それじゃあ、社会で成功をおさめた先達の話でも参考にしようか、と少し調べるとこれまた親や教師同様、夢に関しては言うことがバラバラです。

後ほど詳しく書かせてもらいますが、たとえばビートたけしさん、タモリさん、明石家さんまさん、松本人志さん——言わずと知れたお笑い界のビッグ４は総じて「夢なんかかなわない」と否定的なコメントを発しています。

一方で、アップル創始者のスティーブ・ジョブズ氏、ホリエモンこと堀江貴文氏、名プロデューサーのつんくさんらは、好きなことに徹底的にこだわるべき、と講演や著作物で[※1]

述べています。

各界のトップに君臨する大成功者の方々が、こんなにも真反対な主張をする。これでは誰だってどうしたらよいかわからなくなってしまうでしょう。

そう、それくらい「夢」というのは厄介なシロモノなのです。


そこでこの本では、夢について、どう対処したらよいのか、その料理法を説明いたします。キャリアの古典理論をベースに考えると、親も教師も世界の大成功者たちも、一見真反対の話をしているようで、実は、同じ話をしているのです。そして、そこを理解すると、豊かな実りある人生の歩き方がわかってくる。成功者がどうして成功したのかもわかります。本の中心に置いたのが、クランボルツの計画的偶発性理論（planned happenstance theory）。これは、キャリアについて少しでも勉強した人ならまず必ず目にする、いわば基礎中の基礎《バイブル》と言える理論です。

ただ、あまりにも骨太で当然の話がそこには書かれているので、現実生活の細かな場面において、それをどう展開していけばよいのか、よくわからなくなってしまうという難点もあります。

たとえて言うなら、憲法や預言書のようなもので、人によってどうにでも解釈できてしまうのですね。そこをうまく解説するのが、この本の役割となります。

誰もがよく知る有名人のキャリアや、名経営者の至言、歴史上の人物の足跡などをまじえ、わかりやすさを第一に考えた作りとしています。

夢がなければ人生はつまらない。だけど夢ばかり追いかけていては生活が成り立たない。この、夢という厄介なシロモノと、キャリアの間に、答えを出すための一冊です。

※1　堀江貴文（ベストセラーズ社刊）『99％の会社はいらない』、つんく（サンマーク出版社刊）『一番になる人』より

目次

§2 夢はけっこうかなう、という事実 51

§3 仕事での成功は難しくない 75

むすびに代えて　「才能と成功」の解 140

§1 夢はいつだってまた見つかる

「夢はかなわない」という論調

夢はきっとかなう。
努力は必ず実る。
だから頑張れ。

こんな熱血青春ドラマで使われるような言葉を、けっこうよく目や耳にします。でも、どこかうさん臭くも感じてしまいますね。

いわゆる鋭い突っ込みで定評のあるお笑い界の偉人たちは、こうした根拠のないきれいごとを見事に切り捨てています。

「オレは〝夢はかなう〟という言葉が嫌い。夢はかなわないよ。夢のかなわない自分をどう生きるか。今の社会はやればできるとか、何か他人に勝るものがあるというけれど、オレはそういうのがなくてもいいと思うの。ただ生きることが一番大切であって、負け続けることも大切だと思う。思

ったことがすべてかなっちゃったら、人生はつまらない」（ビートたけし）※2

ずしりと心に突き刺さる一言ですね。

タモリさんはまったく同じことを端的に話しています。

「かなうものは叶う。叶わないものはかなわない。そう決まっているのだ」※3

明石家さんまさんは、努力についてこう語ります。

「努力は報われると思う人はダメですね」※4

ダウンタウンの松本さんは少し違う言い方で、やはり夢や努力に関して、くさしています。

「僕らって努力じゃないんですよねえ。（中略）『山の頂上に登る』っていうんじゃなくて『山の頂上にいることを知ってもらいたい』みたいな感覚が僕はあるような気がするんですけどね」※5

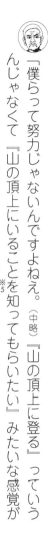

つまり、努力をどうこう言う以前に、面白い人は昔から面白くて、それに周囲が気づくだけなのだ、と。

ふだん私たちは、政治や芸能に対するたけしさんや松本さんの鋭い発言に、「いやあ気づかなかったけどその通り」「胸のつかえがとれた」と膝を打つこと多々です。その証拠に、彼らの一言がネットニュースをにぎわせない日はありません。

それだけ説得力を持つ彼らがこぞって「夢はかなわない」「努力は報われない」と言う。もう、夢なんか持っても意味がないと、思わずそう考えたくもなります。

この話を裏づけるようなこれまたビッグな人の話をしておきたいと思います。

球聖でさえ「なりたいもの」になれなかった……

みなさん、この人をご存じですか。

Action Images/アフロ

若い人やバスケットボールを知らない人にはわからないかもしれませんが、彼こそは、球聖と呼ばれたＮＢＡ（全米バスケットボール協会）のレジェンド、マイケル・ジョーダンさんです。プロバスケットボールの世界で不世出《ふせいしゅつ》の天才と目されるアスリートの彼が、本当になりたかった職業はなんだかご存じですか。

その答えが、次の写真です。

そう、彼の少年時代の夢は「野球選手」であり、彼の父親も同じように、彼にその夢を託していました。

彼が29歳になったときに、転機が訪れます。父親が亡くなり、遺言で「夢を忘れるな」と彼に促すのです。そこで彼は、バスケの世界から一時的に足を洗い、メジャーリーガーを目指します。

アスリートとして傑出した才能を持つ彼だから、すぐに野球の世界でも頭角を現し、３Ａリーグで

AP/アフロ

レギュラーになるまでに、昇格を果たします。日本のプロ野球は一軍と二軍と教育リーグの全部で三層構造になっています。対してアメリカは、ルーキーリーグ→1A→2A→3A→メジャーと、五層構造です。この階段を一気に上り詰め、ジョーダンはあと一歩でメジャーリーガー、という3Aにまで至るのです。

で、その後はどうだったでしょう。

彼は3年ほど3Aリーグに身を置きますが、一度もメジャーへは昇格できず、そのまま野球界を去って、再びバスケの世界に戻りました。

この話は、よく「夢はかなわない」「なりたいものよりも、なれるものを選べ」というときに、ぴったりな教訓として用いられます。彼ほどの天才アスリートでさえ、夢はかなわないのだから、と。

ここまででもう、ノックアウトされてしまいませんか？

夢はかなわない、努力は実らない、お笑いレジェンドも、あのジョーダンだって……。

いや、ちょっと待ってください。

たけしさんだって、タモリさんだって、松本さんだって、しっかり夢をかなえてビッグな芸人になっているじゃないですか。とりわけタモリさんは元生命保険会社のサラリーマンです。もし彼が「夢に向かって」歩き出さなければ、今のタモリさんはありえません。

つまり、「夢はかなわない」とも言えないのです。

まあ、
結論は急がず。
ひとまず夢について
ゆっくり考えて

みましょう。
あなたは過去に
どんな夢が
ありましたか。

「夢の棚卸しシート」が教えてくれること

次のページにある表、これを私は「夢の棚卸しシート」と呼んでいます。

みなさんが夢中になったこと、なりたかったもの、などを年代ごとにまとめてもらうために用意しました。時間のある人は、ぜひ、このシートにあなたの過去を書き込んでください。これを書くか書かないかで、この本を読んで得られる学びに明確な差が出ます。面倒くさがらずにぜひご記入を。クランボルツ理論の初めの一ページが開くことになります。

食べ物・店	なりたいこと、やりたいこと	
理由・きっかけ	具体的に	理由・きっかけ

夢の棚卸しシート

	夢中だったこと／趣味		好きな芸能人		好きな
	具体的に	理由・きっかけ	具体的に	理由・きっかけ	具体的
小学校のころ					
中・高生のころ					
大学のころ					
20代中盤					
現在					

こちらの URL から、上記のシートの PDF データがダウンロードできます。
http://ji-sedai.jp/book/publication/works/yumenoakiramekata/sheet.pdf

みなさん、どんな感じになりましたか。

ここから先は、実際に私のセミナーでこの表を埋めてくれた20代女性のシートをもとに、解説していくことにしましょう。

好きな食べ物・店		なりたいこと、やりたいこと	
具体的に	理由・きっかけ	具体的に	理由・きっかけ
お子様ランチ	デパートで	警察官	制服がかっこいい
カレーライス	母親の得意料理	漫画家	「りぼん」を読んで
デニーズ	放課後のたまり場	なし	
スターバックス	フラペチーノにはまった	なし	
チャイナバルワン	姉に連れられて	何となく大手企業	なんとなく

事例：自分の夢

	夢中だったこと / 趣味		好きな芸能人	
	具体的に	理由・きっかけ	具体的に	理由・きっかけ
幼稚園以前	虫取り カブトムシ	ムシキング	香取慎吾	慎吾ママ
小学校のころ	お絵描き	親・先生に褒められた	あやや	ASAYAN
中学校のころ	ピアノ・勉強	親が習わせてくれた・得意だった	堀北真希	ドラマ『イノセントラブ』
高校のころ	ピアノ・勉強	親が習わせてくれた・得意だった	大島優子	総選挙のスピーチ
現在	料理	彼氏	ローラ	東京ガールズコレクション

彼女が小学校時代に夢中だったのは、絵を描くことでした。それは色鉛筆を使って描く絵だと言います。ではなぜそれが好きになったのか？　それは、幼稚園のころに親や先生から褒められたことがきっかけでした。展覧会の作品を作ることがあり、たまたま描いた友達や先生の似顔絵がけっこう似ていて、周りの園児たちが笑ってくれた。そうしたら先生がやってきて、「すごいね」と驚いた。それで気分がよくなり、自信も出てきて、どんどん絵を描くようになったそうです。だから小学校は絵に没頭していました。

ただ、中学になると彼女の好きなことが変化します。夢中になったのはピアノと勉強。勉強は、英、国、社。文系の科目がとても好きになりました。

さてそのきっかけですが、ピアノは親が習わせてくれたこと。勉強の方は、周りよりできがよかったこと。中高時代はクラブ活動をしていなかったので、そのままずっとピアノと勉強に打ち込んでいました。

大学になるとまたまた夢中なことは変わります。グルメですね。それも食べるだけでなく、作ることも。もともと食べることが好きだったのですが、バイトでお金がもらえるようになったから、それでいろんなお店に行くようになったことがそのきっかけだそうです。とくに中華料理に凝っていて、食べ歩いては勉強していたため、相当な腕前にまでなりました。中でもチャイナバルワンという店が好きだったそうです。さて、その店はどうして知ったのか。それはお姉さまが連れて行ってくれたから。さらに、彼氏ができたので、その彼氏に、自分の食べたおいしい料理を食べさせたいと、料理の腕を磨いたそうです。

夢は変わる

さて、ここまで棚卸ししてくると、もう、理論通りの流れになっているのです。この棚卸しシートは、誰がやってもだいたい同じ結論が出ます。それは何か。

クランボルツ理論の最初の結論なのですが、**夢とか趣味とか目標とかって、どんどん変わっていく**ということ。この当たり前の話が、大切な「定理」なのです。

今、「俺の人生にはこれしかない」と思っている人に聞きたいことがあります。

「5年前もそう言っていたか」と。いや、夢とかに関してはまだ長続きする人もけっこういるのですが、じゃあ、一番好きな食べ物、好きな服装、好きな趣味、好きな友達。この辺りを聞けば、それはほとんど必ず変わっているはずです。だから、5年後も「好きなこと」が同じである可能性はけっこう低い。小中高、大学の間に、短いスパンでどんどん変わって来たわけなんです。

そういうことを知っているから、年配の人たちって少し冷めているのでしょう。若者が、今、熱中していると言っても、それは人生の一光景だなと。そう、夢＝夢中なこと＝好きなことは変わる。

で、そこからなんです。夢が変わるのはいいことだ、と気づいてほしいのです。

夢って、人生折々の旬みたいなものでしょう。それが通り過ぎてしまったからと言って、良き思い出であることに変わりはありません。また、そこで熱中したことで、何がしかの蓄積ができている。

先ほどの彼女の場合なら、似顔絵を描くことで、人間観察がうまくなり、そうしたことから、ピアノの奏でるメロディーにも深みが出たのではないでしょうか。大学時代、中華料理に凝ったことで、結婚して旦那さんやお子さんに喜ばれる夕食を作れるのではないでしょうか。こうしたつながりが後々役立っているのは確かだし、もし、大して役に立たないことであったとしても、やらなきゃ良かったとはあまり感じないでしょう。夢中＝旬＝その時々の花であり、人生はこれで絵の具のように色が付いてくるわけですよね。

要は、夢って、通り過ぎてもそれは自分の人生の資産となっていく。だから、夢があればあるだけ人生は豊かになるということでしょう。

もし彼女が、小学校のときから変わらずに料理しかやってなかったら、料理研究家にしかなれない人生となりそうです。それは変わるからよいのであって、夢は野に咲く花と同じ。時節に応じていろいろな花が開けば、人生は彩《いろどり》豊かになるということ。

夢の多くは、偶然の出会いから生まれている

つづいて、クランボルツの二つ目の定理を考えてみます。

好きとか夢中とかのきっかけって結局何だったでしょうか?

彼女の場合の絵を描くこと、ピアノ、英国社の勉強、そして中華料理。そのほぼすべてが、偶然のきっかけから始まり、そのきっかけは周囲の人たちがもたらしたということ。

影響
ピアノ
影響
お絵かき

キャリアの8割は予想しない偶発的なことによって決定される
（ジョン・D・クランボルツ、計画的偶発性理論）

まとめて言うなら、偶然周りにいた人たちがあなたに人生折々で、花を咲かせるための「種」になっています。色鉛筆で絵を描いたときも、周囲の園児たちがうまいと言って褒めてくれた。英国社の勉強も周りの人たちよりできがよくそれを先生が褒めてくれた。中華料理もたまたまお姉さまが連れて行ってくれたお店。全部きっかけは偶然と周りの人たちなんですね。

夢の棚卸しが教えてくれることって、非常に簡単であり、それがクランボルツ理論の中核になっています。変化と偶然、この二つ。とすると、それが起こるのはなぜでしょう。偶然があるからですね。ということは、出会いを増やしていかなくては、人生に旬はできないということですよね。つまり、偶然の出会いがあなたを変え、それを前向きに受けとめることによって変化が生まれる。こういうことですよね。出会い→影響→発見→変化。自分の知らない自分が新しい自分に変わって、それがまた一つの花になっていくという、この繰り返しでした。

「キャリアの8割は予想しない偶発的なことによって決定される」

クランボルツはこんな至言を残しています。

だから、20歳や25歳とか、そんなに早く「これ一つに」と人生を決める必要があるのかという話になります。もちろん、とんでもなく才能あふれる人は、そのころにはもう行くべき道筋が見えているでしょう。でも、そうではない多くの普通の人は、まだまだ人生折々に花を咲かせればいいではないですか。そうして楽しい豊かな人生が出来上がっていく。

そう、ここまでをまとめると、クランボルツの言いたいことは簡単です。

夢は、
人生折々の旬だ。
旬に応じて、

それぞれの
花が咲くと、
豊かな人生が送れる。

あなたの知らないあなたの声

大学生のころに、何を思ったか「俺、絶対ベンチャーの社長になる」「将来はグローバルに羽ばたきたい」とそういう風に決めてしまう人がいるんです。でも、人生は連続しているということに気づいてほしいんです。あなたの人生には、小学生のあなたも、大学生のあなたも、30のときのあなたも、60のときのあなたもいるのです。人生はすなわち、いろいろなあなたという他人の積み重ねでできているとも言えますね。

そんないろいろなあなたがいる中で、たとえば20歳とか25歳のあなたが、「私の人生はこうあるべき」と決めてしまうということは、20歳や25歳のあなたが、その他のあなたの支配者になったのと同じことでしょう。40歳や50歳のあなたから「もっといろいろあったのに」と文句を言われてしまうかもしれません。

だから、若いときにむやみに人生を決めることはない、ということ。それが、クランボルツ理論の、まずは心に置くべきポイントです。

30歳の自分が、人生の独裁者になって良いのか？

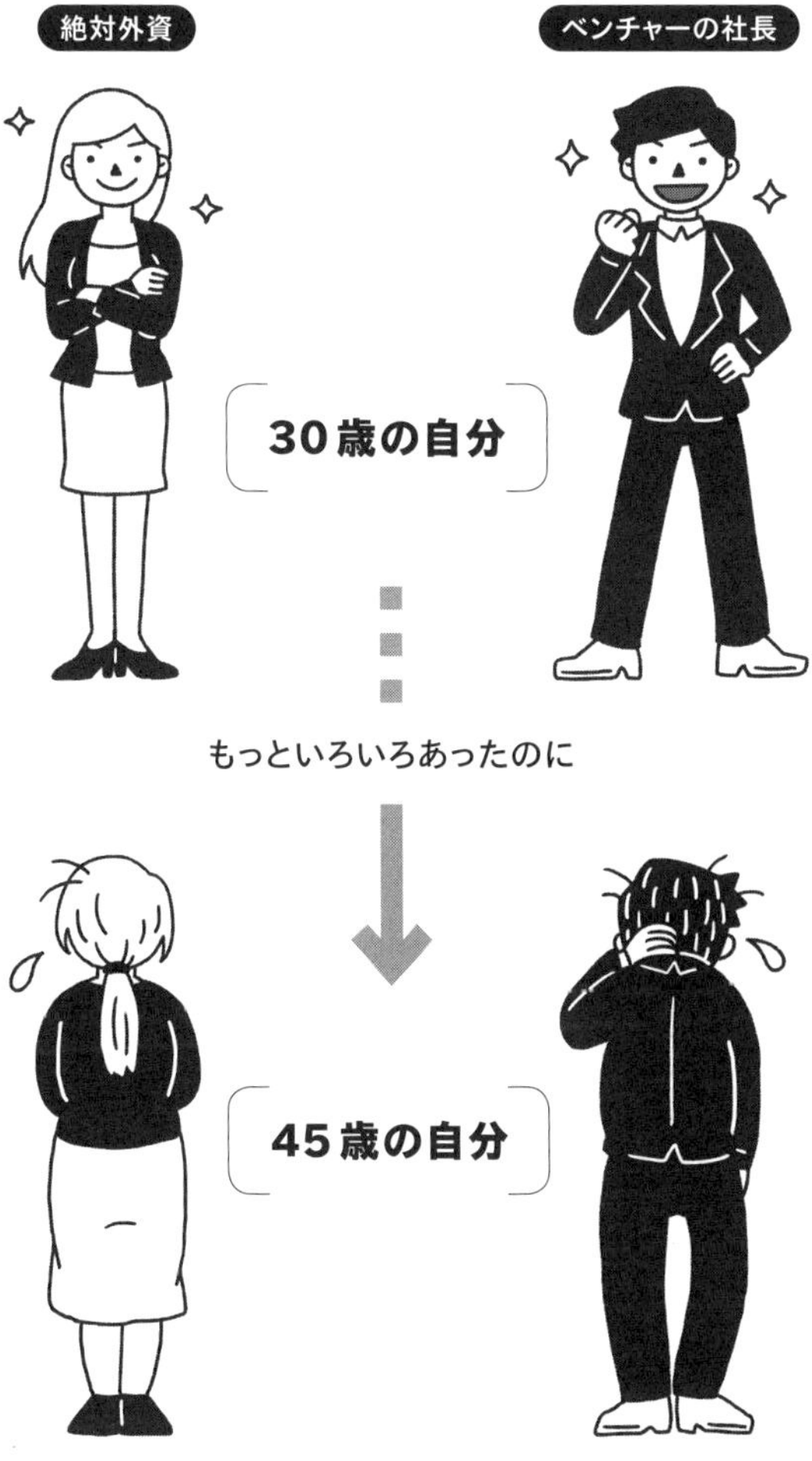

さて、ここまでの話を読むと、ふつふつと疑問の気持ちがわいてきた人も多いのではないでしょうか。

「そうは言ったって、成功した人たちって、けっこう早い時点で〝その道〟に絞っていたじゃないか」

「じゃあ、一つのことに打ち込まず、次々にやりたいことをころころ変えていくのが正しいのか」

こんな風な意見が寄せられそうです。

いや、そういうわけじゃないのです。こうした的を射た質問に対しても、クランボルツ理論はしっかりと答えを用意しています。だから、まあ、結論を急がずに、ゆっくりお付き合いください（この言葉、もう二度目ですね。このあとも何回か出てきそうです）。

偶然の出会いを計画的に増やす

このあたりでそろそろ、クランボルツ理論が計画的偶発性と言われる理由を説明しておきます。

要は、夢とか好きとか目標とかは、変わる。ただ変わったことで、今までが無駄になるわけではなく、それぞれが積み重なる。とすれば、折々に花が咲くのが、豊かで実りある人生と言える。では、その花の種はどこから来たか。それは、ほとんどの場合、偶然であり、その偶然は周囲の人との出会いがきっかけとなっている。

ならば、そうした偶然の出会いを増やし、その出会いから生まれる「夢の種」を前向きに受け止めるような行動をしていれば、花はたくさん咲く。つまるところ、これがクランボルツの指し示すところです。偶然を計画的に増やす。だから「計画的偶発性」という言葉になるのです。

自分の知らない夢が、
そこ、かしこにある。

今の自分は、ホンの一部の夢しか知らない。

夢の種が手に入る5つの習慣

では、計画的に偶然の出会いを増やし、そこから「夢の種」を導き出すためにはどのような行動をしていくのがよいのか。

そのために、クランボルツは5つの条件を示しています。

一つ目の条件は「好奇心」。新しいことへ興味や関心を持たなかったら、新しい出会いはありません。だから、「好奇心」を絶やさないこと。

ただ、好奇心ばかりに走れば、それはすべてが中途半端につまみ食いすることになってしまいます。それでは決して花は咲かず、芽さえも育めないでしょう。だからクランボルツは一つ目の「好奇心」を戒めるように、二つ目の条件に「持続性」を挙げています。一つの種を拾ったら、しっかりそれに向かい頑張って、納得いくまでやってみること。この「持続」は本書の後半でけっこうなポイントを占めてきます。

三つ目は「柔軟性」です。ちょっとうまくなったり、できるようになると、「俺はすごいんだ」と、人の話を聞かなくなるんですね。そうすると、そこから先の進歩はなくなります。また、その目の前の道だけしか見ないようになり、新たな出会いはなくなっていきます。

そうして、「成長もせず」「広がりもない」状態になってしまう。だから、そんな風に固まるのではなく、柔らかく、他人の意見や新たな視点などを受け入れ続けること。それが柔軟性です。

続いて四つ目の条件が「楽観性」で、五つ目が「冒険心」。この二つはちょっと似ているのですが、こんな風に考えるとその違いがわかりやすくなります。冒険心というのは、新たな領域に踏み出すときに必要です。好奇心があれば、「面白そうだな」と新たな機会を仕入れてきます。それに向かって「いっちょやってみようか」と踏み出すのが冒険心。

一方、一歩踏み出せば、難問が多々待ち受けています。そういうとき、うまくいかないからとすぐ不安になってしまっては、「持続」が困難です。だから、多少の不安や不満を受け流す。そうした力が「楽観性」なのです。

と考えると

好奇心（面白い）⬇冒険（やってみよう）⬇楽観（大丈夫）⬇持続（納得いくまで）⬇
柔軟（テングにならない）

という流れが計画的偶発性理論と言えるでしょう。

この5条件をちゃんと保っていれば、いつでも新しい自分が見つかり、自分が磨かれ、
つまり、またもう一つの花が咲いて新しい句ができる、という話なんです。
ここまで、非常に簡単な話です。人生はいくつも花が咲かせられる。夢はまた見つかる。
だから、心を開いて出会いを増やそうよ。そんな話です。

計画的偶発性理論

キャリアの8割は予想しない
偶発的なことによって決定される

↓

偶発的な出会いを豊富にすれば、
キャリアも人生も豊かになる

↓

豊かな人生を
手に入れるための5つの習慣

❶ **好奇心** [Curiosity]
興味関心を持つこと

❷ **持続性** [Persistence]
飽きずに続けること

❸ **柔軟性** [Flexibility]
他人の意見も聞くこと

❹ **楽観性** [Optimism]
くよくよし過ぎないこと

❺ **冒険心** [Risk Taking]
失敗を恐れないこと

↓

「新しい自分が見つかる
自分が磨かれる」

まずはこだわりを捨て新たな機会を増やす！
夢はいつだって見つかるから。

こだわりすぎず
前向きに
受け入れる。

夢はいつだって
また
見つかるから。

※2　大阪ABC2016年8月1日放送、特別番組『高校野球100年の真実～心揺さぶる真夏のストーリー！』より
※3　戸部田誠（イーストプレス社刊）『タモリ学』より
※4　MBSラジオ2014年6月7日放送『ヤングタウン土曜日』
※5　フジテレビ2016年8月31日放送『ワイドナショー』より

§2 夢はけっこうかなう、という事実

誰もが認める売れっ子芸人たちの才能レベル

続いて今度は真逆な話をしたいのです。

先ほどは、夢はいつだってまた見つかる。だから前向きに新しい機会を受け止めろ、と書きました。が、一方では、今の夢に向かってしっかり頑張れば、夢は結構かなうという事実もあるのです。

ちょっとここから皆さんもよくご存じのお笑い芸人の方々を並べます。

森三中

オードリー

アンジャッシュ

くりぃむしちゅー

ダミーお笑い芸人の共通点

お笑いをやっている
解散していない
そこそこキャリアが長い
以外の共通点

博多華丸・大吉

とんねるず

タカアンドトシ

NON STYLE

さまぁ～ず

おぎやはぎ

ご存じ、売れっ子の芸人さんたちですね。みな、テレビのキー局でレギュラー番組を持ち、グループ名が番組のタイトルになっているような人もいます。テレビでこの人たちを見ない日はほぼありません。しかも、ポッと出ではなく、何年もその人気を保ち続けています。実収入はゆうに億を超えているでしょう。

これだけ売れっ子を続けられる人たちって、年間4〜5組くらいしか出ていないのではないでしょうか。では、この人たちは一体、何万人に一人ぐらいの才能だと思いますか？

たとえば、くりぃむしちゅーの有田さんと上田さんなどどうでしょう。二人はメインで司会する番組を何個も持っていますよね。しゃべくり7や世界一受けたい授業、おしゃれカンケイがそうですね。その他レギュラーともなると数知れずです。どの番組でも当意即妙な受け答えで、視聴者を飽きさせず笑いもとる。ここまでビッグになる人は、年間1組も出ないでしょう。では彼らは何万人に一人の才能でしょうか？

ちなみに、毎年生まれてくる赤ちゃんは100万人程度です。この中で、1組しか出ないとなると、数十万人に一人くらいの才能だと思いたくなってしまいます。

では、オードリーはどうでしょう。まだ冠番組は持っていないし、くりぃむしちゅーほどレギュラー番組も多くありません。ただ若林さんの方は家電などCMに引っ張りだこですし、春日さんは、水泳をやらせても運動をやらせてもうまいから、ゲストでいろんな番組に呼ばれています。

さて、この2人は何万人に一人ぐらいの才能でしょう。

う〜ん、くりぃむしちゅーほどではないから5万人に一人くらい（オードリーのファンの人、ごめんなさい！）というような相場観になるでしょうか。

森三中は体を張った芸に磨きがかかり、そのためレギュラー番組も多く、ゲストとしてもテレビによく出ています。大島さんは子作り子育て料理などでも本を出すほど。さて、この三人はどのくらいの才能ですか？　オードリーくらいかな。こうやって考えると、どの人たちも数万人に一人くらいのすごい才能に見えてきます。芸能界の荒波を勝ち抜いて、億万長者になるのだからそれくらいの才能が必要か、と。

年間100万人も赤ちゃんは生まれてきます。仮に10万人に一人の才能としても、それくらいの人は年間10人も出現することになる。一方、お笑い芸人でここに挙げたクラスの人は、年間2〜3組くらいしか出ません。10万人に一人でもまだ多いくらいで、もっとずっと希少な人材に思えてしまいます。

彼・彼女らに共通する不可思議な真実

さて、ここからが本題です。

では、冒頭にイラストで登場してもらった芸人さんたち、10組すべてに共通することは何でしょう。

お笑いをやっている、というのと、今でも解散せず続けている、ということ以外で共通点を探してください。全組、あますところなく共通していること。

わかりますか?

答えを言うことにします。

実は**全組、クラスメイトなんです。**

芸人さんたちは、このパターンが非常に多いですね。ここに挙げた以外でも、ダウンタウンだってそうだし、ナインティナインは一学年だけ違いますが、やはり同じ高校です。いや、有名な芸人コンビで、クラスメイトでなかった人の方が少ないくらいと言ってもあながち言い過ぎとは言えないでしょう。

このことは何を意味するでしょうか。

仮に、彼らがみな、10万人に一人の才能だったとしましょう。その人が、クラスに2人いる確率はどのくらいか。これ、数学的に答えを出すと、1クラスが30人だった場合、100万クラスに1組という答えになります。

現在日本中の小・中・高まですべての学級を合わせて50万のクラスがあると言われていますが、これだけあっても、そんなすごい人が2人同時にいるクラスは存在しないことになります。森三中のようにトリオともなると、もう「絶対ありえない」となるでしょう。

ところが現実には、売れっ子お笑い芸人の圧倒的多数がクラスメイトのコンビなのです。

この現実をどう思いますか。

こちら、野球選手であれば、甲子園の常連である強豪校にみんな集まるので、クラスメイトだった割合が高いというのも納得がいきます。同様にお笑い芸人も、吉本興業がつくった芸人養成所であるNSCでクラスメイトだったというのならわかります。ところが、普通の街中の中学とか高校、それもくりぃむしちゅーなら熊本の人吉《ひとよし》、森三中は茨城といった風に、地方の小さな学校のクラスメイトだったりするのです。

どう思います?

いやこれって、芸人に限らず、シンガーなどでもよくある話ですね。私はあまりこの領域に詳しくはないのでたとえが古くなりますが、ゆずだって、ミスターチルドレンだって、氣志團だって、ラッツ＆スターだってバンプ・オブ・チキンだって、みな、学校の同級生でした。数学的な確率と現実の矛盾。この事実は何を示しているのでしょう？

いくつか考えられる答えはあります。

一つには「現実社会では数学の理論を超えた奇跡のようなことが多々起きる」という仮説。確かに、奇跡はありうると思います。ただ、それは出現回数が少ないからこそ奇跡なのであって、こんなにたくさん芸能界のそこらじゅうで起きていては奇跡とは言えないでしょう。だからこの説は妥当とは思えません。

二つ目には、「キラキラ輝くすごい人はグループの中の一人だけで、あとは大して活躍していない」という仮説。う〜ん、氣志團は綾小路《あやのこうじ》翔《しょう》だけがすごくて、あとは普通の人だ、というのはまずまず正しそうですが、ダウンタウンは浜ちゃん松本さんどちらもすごい人としか思えません。くりぃむしちゅーの有田さんと上田さんも、どちらもピンでレギュラーを持ってますし、オードリーも森三中もそう。ラッツ&スターだって、メインボーカルの鈴木雅之さん以外にも、田代まさしさん（今はドラッグ問題で引退状態ですが）や桑マンは、ピンで活躍しておりました。こんな感じで、一人以外は大した活躍はしていない、という説もそれほど説得力はありません。

ほかにはどんな仮説が立てられるでしょうか。あるとすると、そもそもの前提条件である「1万人に一人の才能」という部分が間違っていて、彼らの多くは100人に一人くらいの才能だった、ということでしょう。このくらいの出現レベルであれば、芸能界のそこかしこにクラスメイトのコンビがいてもおかしくはありません。「え？ 本当に浜ちゃん松本さんも100人に一人程度の才能なの？」という疑問は野暮です。彼らは確かに両人ともすごい。でもそんなすごいコンビは10年に1組程度も出ていないでしょう。それこそまさに「希少」な奇跡です。それ以外は、100人に一人（少なめに見つくろってもせいぜい1000人に一人）くらいのお笑いセンスがある人たちが、たまたま偶然クラスに2人いた、もしくは3人いた、というところなのでしょう。

ただ、この仮説には、はなはだ違和感を持つ人が多いはずです。100人に一人というレベルなら、高校などでは1学年定員が300人という学校も普通にあるから、各学年に3名くらいはいる、ということになります。3学年合わせると10人にもなってしまう。そんなそこかしこにいる人たちが、なぜ、競争の激しい芸能界で、多々レギュラーを勝ち取り、億万長者になれているのか。今度はこの部分が説明不可能になるからです。

それは、才能とは違う部分、運があったからなのか。

ここなんです。ここから先をキャリア理論に沿って、ゆっくり考えていきたいのです。

100人に一人程度の人が、なぜ芸能界でキラ星となれるのか

学年に数人はいるオモロイやつ。

このレベルの人たちは、その後どのような進路をたどるでしょう。人を笑わせることにたけているだけあって、洞察力に富んでいて、また人前でしゃべる度胸もあり、頭もよい、そんなプロフィールとなる彼らは、そこそこ勉強もできて、普通にしていれば、なかなかの大学に入れるし、大学に進んだあとは、就活でも他を圧倒してやはり好条件の企業に入って行けそうです。そうした有望な前途を捨ててまでお笑いの世界に飛び込む、という人はほとんどいないことに気づいてほしいのです。

まあ、**彼らのうちの99%がお笑いではなく普通の道に進む**のではないでしょうか。

とすると、こうした普通のコースを捨てて芸能界に足を踏み入れたという時点で、100人に一人だった存在が、そのまた百分の一の1万人に一人にまで希少化してしまうことになります。

続いて芸能界に入ったら、今度はつらい下積み時代が待っています。先輩やスタッフに

どやされ、しかも極端に給料も低い。お金もなくて将来も不安。よほど普通のサラリーマンになった方がよかった。そう思うでしょう。この時点で耐えられなくて、これまた多くの人たちが脱落していきます。多分10人中9人がそうなるのではないでしょうか。結果、1万人に一人だったはずがこの時点で残っているのは、10万人に一人になってしまいます。

さて、ここまで来ると、だいぶ成功は近づいています。テレビにも出られるようになり、ファンも付く。こうして少し成功するとどうなるでしょう。

またここで罠があるのです。若くしてチヤホヤされるために、天狗になって、「俺ああいう仕事嫌だ」と言い、周囲のアドバイスに耳も貸さなくなってくる。いや、惜しいなと思うのはこの手のタイプですね。仕事を選ぶ、文句を言う、助言を無視する。こうなると新たなチャンスも潰《つい》えるから彼らの成長はそこでとまり、消え去っていくのです。芸能界には、ここまで来て消えた人たちもけっこう多いですね。

天狗になったタレントがすぐに消える理由

たとえば、2015年に「だめよ~ダメダメ」で売れた日本エレキテル連合など、非常に惜しいコンビでした。この言葉、流行語大賞でも上位にランクインしていますよね。同時期に流行ったラッスンゴレライやバンビーノのような、ポッと出の一発屋ではなく、下積みも長いために、コントでも多々ネタの蓄積があり、実力のほどがうかがい知れるコンビでした。

でも消えました、完璧に。これはなぜでしょう。

彼女らの絶頂期の言動、覚えていますか。こんな話をテレビでしていたのを私は覚えています。

「売れる前は『おまえらつまらん』と相手にもしてくれなかったプロデューサーが、今では『ぜひ』と頭下げてくるのよ」

「自分らは即興の受け答えをするタイプの芸風ではないから、あくまでもコントで生きていく」

「目指すのは、志村けんさんだ」（志村さんも大御所ですが、この部分を「たけし」「さんま」「松本人志」に変えたら、天狗度合いもよくわかると思います）

天狗になり、新たな機会が減るような言動をしていたのです。この時点でせっかくつかみかけたチャンスは、しぼみ始めたのでしょう。

逆に、そこそこ売れても、天狗にならず、人の話を聞き、新たな機会に前向きでいられた人たちもいます。

エレキテル連合と対照的なのが、タカアンドトシでしょう。彼ら（特にタカ）もエレキテル連合の二人と同様、極端な人見知りで、即興コメントをしなければならない番組に出るのはつらかったそうです。が、苦手だからこそと、台本をもらうと想定問答を考えては本番で面白いことを言い、そうやってしのぎながら、芸域を拡大していきました。

博多華丸大吉は、東京進出した時には、すでに地元九州では10年の芸歴を持つトップスターでした。その地位を捨て、30代半ばで東京に新参としてやってきたのです。当時、「笑っていいとも」のレギュラーなどでは、アルタで若手用の下楽屋をあてがわれたりしましたが、それでもチャンスに貪欲でいたから、今のようになれたのでしょう。彼とは逆に、地方にこもったままで全国区にならない、「惜しい逸材」も多々います。古くはやしきたかじんさん、横山プリンさん、最近では月亭八光さんなどがそうでしょう。

私も何度か仕事をさせていただいたことがある、厚切りジェイソンは、「Why Japanese People」という、まさに一芸だけのポッと出芸人だったはずです。彼をすごいと思うのは、グルメレポーターとかワイドショーのコメンテーターとか、慣れないことにどんどんチャレンジするところです。そうしてコメンテーターをしていると、彼の本領である国際比較文化の才能が花開き、そこから今度は、経済とか雇用なんかの堅い討論番組のオファーが来る。

こうやってみな、好奇心を絶やさず、柔軟に次の機会を紡ぎ続けたのですね。当然、そうすれば、芸のバリエーションも増えるし、違ったタイプの番組のスタッフともコネクションができます。いろんな知り合いがいろんなチャンスをくれるようになりますね。そうすれば良い機会に当たる確率も高まります。つまり、バッターボックスにちゃんと立ち続けたら、いい球が来る可能性が増えて、ホームラン打てる場面も増えてくる。

結局、好奇心や柔軟性を維持し続けると、こういう差になってくるのでしょう。

逆に、天狗になれば、すぐに消え去る。だって、100人に一人程度の才能なのだから、ネクストバッターズサークルにはいくらでも代打が控えているのですから。

100人に一人の人が、100万人に一人の人になっていくプロセス

ここまでを、キャリア理論の5条件で振り返ってみましょうか。

まず、「冒険心」。これがあったから、「有名大学→好条件のサラリーマン」を目指さず、苦難の道にチャレンジをした。ここで100人に一人だったのが、1万人に一人になっています。

続いて、「持続性」。つらい下積み時代を耐えて芸を続けたこと。これには当然、「明日はきっといい日になる」という「楽観性」が重要だったと思います。この二つがあったから、苦しく長い下積みが越えられた。ここでまた残存者は1割にまで減るから、10万人に一人となってしまいます。

そうして少し成功すると、多くは天狗になり、周囲の言うことを聞かず、新たなチャンスを紡げなくなる。それは「柔軟性」と「好奇心」の低下と言えるでしょう。結果、ここでも半分以上が脱落して、たぶん、20万〜30万人に一人くらいになってしまう。

だから結局、1学年100万人もいるのに、売れ続けてスターダムに残れる人は、年間4〜5組しか出ないのです。どうでしょう。キャリア理論の5条件に当てはめて考えると、年間100人に一人程度の才能なのに、年間数組しか出現しない理由が説明できるでしょう。

5条件で説明する「夢が叶わない」理由

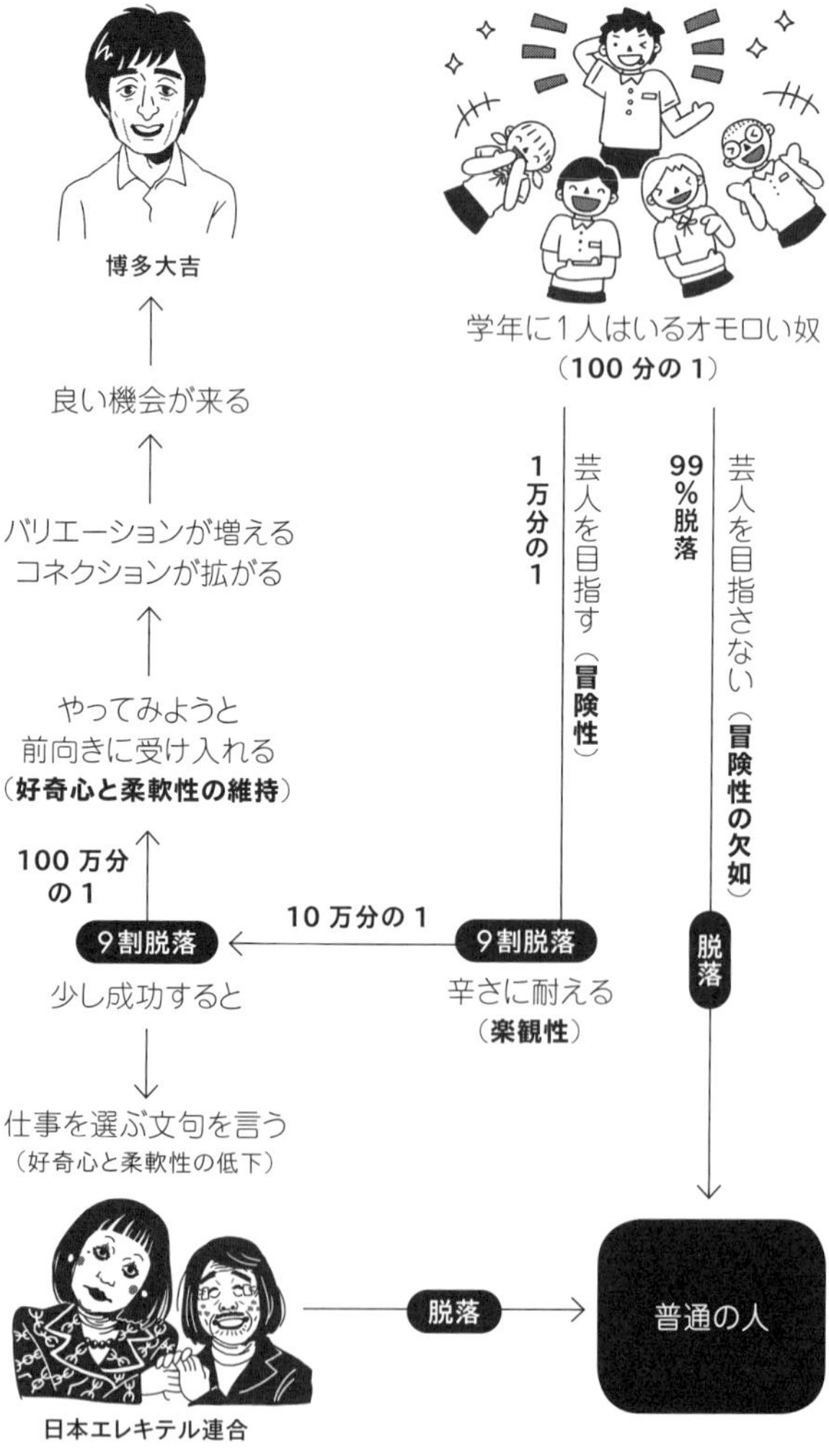

可能性があっても、（冒険・楽観・好奇心・柔軟性の欠如で）
持続できないと、夢は叶わない。

こんな感じで、キャリアの5条件は、最初に書いた通り「こだわらず、次の夢を見つけなさい」という話にもつながりますが、こだわって成功する理由の説明にも使えるのです。

とすると、キャリア理論的には、「夢にこだわるべきか、新しい夢を見つけるべきか」どっちがいいのか分からなくなってしまいますね。ここでまた、あの言葉が出てきます——

「まあ、結論は急がず、ゆっくり考えましょう」

「あいつは運がいいだけ」という批判は、事のうわべしか見ていない

成功した人たちを振り返ると、彼らはたくさんのコネクションを持ち、よい機会に恵まれています。そこで、多くの成功者が自重してこう言います。

「俺は大した人物ではない。ただ、チャンスに恵まれただけだよ」

「周囲の人に助けられた」

「よい人との出会いが私を力づけた」

このたぐいの言葉を、実に多くの成功者が語っています。それは芸能人に限らず、経営者などからもよく聞く話です。

この裏返しの悪口もよく出てきます。

「奴は運だけだよ」

「あの番組のレギュラーをとれたからうまくいったんだ」

「結局、こびへつらって人脈があったからさ」

こうした妬みややっかみを言う人は、どこが間違っているかわかりますか？

次の図を見てください。

持続＞運

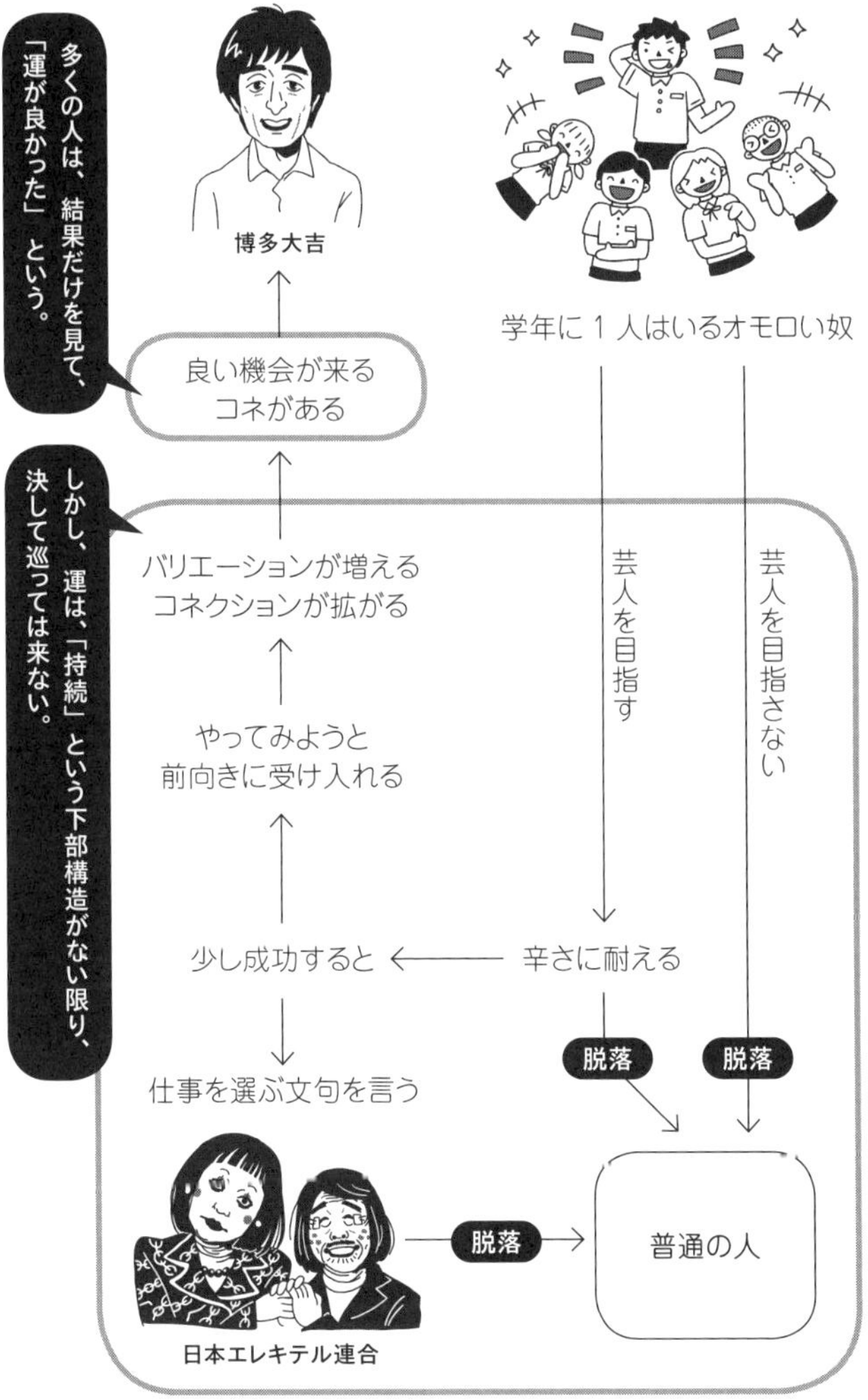
多くの人は、結果だけを見て、「運が良かった」という。
博多大吉
良い機会が来る
コネがある
学年に１人はいるオモロい奴
しかし、運は、「持続」という下部構造がない限り、決して巡っては来ない。
芸人を目指す
芸人を目指さない
バリエーションが増える
コネクションが拡がる
やってみようと
前向きに受け入れる
少し成功すると
辛さに耐える
脱落
脱落
仕事を選ぶ文句を言う
脱落
普通の人
日本エレキテル連合

「持続」の下部構造

妬みややっかみは、図の最後の部分、「よい機会が来る」「よいコネがある」しか見ていないのです。でも**この二つは偶然ではなく、図表の下側にある部分があったからこそ、紡げた当然の成果なのです。**

要は、「冒険」して「持続」してなおかつ「柔軟」で「好奇心」を維持し続けられたから、当然の帰結として手に入れたということ。この**下部構造があるからこそ、「機会」と「コネ」は生まれる。**そしてここには、5つの条件すべてがそろっている、ということなのです。

これを見れば、天狗になって消えていく芸人さんが多い理由もわかるでしょう。彼らの才能は100人に一人ぐらいのものだから、代わりとなる人はいくらでもいるのです。にもかかわらず天狗になってたら、すぐに抜かれてしまう。親の七光りで出てきたタレントが失速する理由も同じです。親のコネで一瞬脚光を浴びますが、そこで天狗になったら、その先はしぼむ。

こうした「罠」に陥らないために、これまた多くの成功者が異口同音に言うことがあります。それが、「謙虚であれ」「初心を忘れるな」という言葉。

よく和田アキ子さんや坂上忍さんが、楽屋にあいさつに来ない後輩のことを叱り飛ばしたなどという逸話が語られます。それは、天狗になるな、謙虚であれという意味なのでしょう。後輩が成功のサイクルに乗れるよう、戒めているのです。

「運も実力のうち」という言葉の意味もこれでわかるはずです。運とは下部構造がない限りつかめない。この下部構造があれば、人は成功に向かって突き進めるということ。

可能性ある人は
意外に多い。
踏み出し、

堪《こら》え

謙虚であれ。

と、これだけを単体で考えると、クランボルツの5条件はスムーズに腹落ちします。

ところが、またまた戻ります。最初の「夢にはこだわりすぎるな、いつだって新しい夢は見つかる」という話とは大きく矛盾しますね。全く正反対のことを言ってると。やはり、ますますわからなくなってしまいます。夢はこだわるべきなのか、あきらめるべきなのか。どちらが正しいのでしょう。

結論はまだまだ先。ゆっくり考えてみましょう。

§3 仕事での成功は難しくない

どの仕事でも、入った人の2〜3割が成功を収める

この章では少し現実に戻って、「仕事」について考えてみることにします。あなたは果たして「仕事」で成功することができるか、これを考えてみたいのです。その前に、成功とはどのくらいのことを指すのか、それをまずは定義しておきましょう。

前章にはお笑い芸人さんがたくさん出てきましたね。テレビでレギュラー番組を多々持ち、億万長者になっている彼らを成功者とみなすことに、異論はないでしょう。ただ一方で、彼らは後世にわたって名をとどろかせる、ビッグ4ほどの大成功者とまでは言えません。

これくらいの状態を「そこそこの成功」と呼ぶことにします。

野球で言うならば、一軍のレギュラーになるクラス。イチローや王選手のようなレジェンドとまではいかないけれど、皆が認めるくらいの状態が、「そこそこの成功」です。日常の卑近なレベルに当てはめると、「社長にはなれないけれど、社内では誰もが重役になったと認めてもらえる」状態。「部長になれた人」くらいが、一般的な会社での「そこそこの成功」に当たります。

実は、仕事での成功というのは一種の普遍的な法則があるのです。これは、私のような

人材ビジネスに携わる人間の間で語られていることですが、どの仕事であれ、その仕事のスタートラインに立てた人は、その2～3割が「そこそこの成功」を収める、という経験則的なものです。その仕事で周囲から認められ、彼を信奉する後輩も多く、そして、経済的にも裕福になっている。そういう「**そこそこの成功」を、2～3割の人が手に入れられる**のです。

なぜ、そんな「普遍的な法則」が成り立つのでしょうか。その理由は「入職」という関門にあります。

たとえば会社なら「採用試験」であり、野球なら「ドラフト」ですね。そこをかいくぐって仕事に就けたということは、その時点でかなり選抜されて「仕事に向いている集団」になっているわけです。そうしたレベルにあるのだから、成功確率も上がっていて、「2～3割がそこそこの成功を手に入れられる」ことになるのです。

こう書くと、疑り深い人は、「いやいや、仕事によってその選抜難易度が異なるから、粒のそろい方も異なる。ということはその後の成功確率も異なる」と言いたくなるでしょう。確かに、不人気な会社に入るのは容易です。そんな緩い関門では、優秀ではない人が多々入ってしまうから成功者などそうそう出ない、と言いたくなりますね。ただこうした不人気企業に現在在籍する人たちは、ほとんど選抜されずに入ってきているから、諸先輩方だってそれほど優秀ではありません。俗にいう粒がそろっていない状態、ですね。逆説的に言うと、そういう「向いていない人が多々いる」集団だから、大して選抜されずにあまり向いていない人が入ってきても、競争にはけっこう勝てて、成功が収められることになる。もちろん、いくら競争が楽だといっても、粒がそろっていないため、成功者が大量に現れるということもありません。その両方が合わさって、やっぱり、そこそこの成功者は全体の2〜3割に落ち着くのです。

3人に一人が大名になれている?!

少し、面白い例で補足してみます。

大名という言葉はご存じですね。江戸時代に一国一城の主となったお殿様のことを指します（正確には城を持たない大名もいましたが、それはおいておきましょう）。

さて、下克上で実力主義の戦国時代の場合、この大名になれるのは、いったいどのくらいの確率だったでしょうか。いやあ、当時も武士は多数いて、その中で最終的に江戸幕府で大名として残れたのは276名（藩）しかいないのだから、万に一人以下の確率となる

だろう。

そう思う人も多いでしょうが、この推論は前提が間違っています。

「武士」では、先ほど書いた「同じ土俵でスタートラインに立てた人」とは言えないからです。

会社で部長になれる人の確率が2〜3割なのは、「同期入社した総合職正社員」をベースに考えています。そこに、アルバイトやパート、派遣さんまでを入れたら、確率はとたんに「万に一人」になってしまうでしょう。戦国時代の殿様になれる確率も同じです。同じように分母となる集団を「採用の関門をくぐった人」にそろえて考えなければいけません。

ここで、大名の構成というものを少し詳しく説明しておきます。

江戸時代の大名は、ご存じの通り3つのカテゴリーに大別できます。一つが、徳川家の親類たちにあたる親藩《しんぱん》。これは全部で22藩ありました。続いて外様《とざま》大名。こちらは関ヶ原の戦い以前からすでに大名だった人（正確には多少異なります）で全部で111藩あります。残りの143藩が譜代《ふだい》といい、これは、元々徳川家康の家来《けらい》だった人が、出世を重ねて、とうとう関ヶ原の戦い以降に「殿様」になれたという人たちです（これも正確には多少異なります）。

譜代大名がちょうど会社の構造と比較しやすいので、こちらにスポットをあてて考えてみましょう。

143藩ある譜代大名は、単純に143名の別々の人たちから成り立っているわけではありません。ある家門の人たちが、分家したものなので、元々の出自はもっと少ない人数となります。そこまでたどって数字を調べてみますと、以下のようになります。

安祥《あんじょう》譜代（徳川家が安城を拠点にしていた時代の家来）7家
岡崎譜代（岡崎を拠点にしていた時代の家来）16家
駿河譜代（駿河を拠点にしていた時代の家来）31家

ではそれぞれの時代に、徳川家の家来は何人いたでしょうか。

まず、安祥時代の徳川家（当時は松平）は、とても小さな藩でした。とりわけ、名公清康の亡き後、内輪もめに織田家・今川家の攻撃が加わり、版図はとても小さくなっています。このころの兵力は1000名程度まで減っていました。

とはいえ1000名もいたなら、そのうち大名になれたのは7名なんだから、つまり0・7%じゃないか！　いえ、それもやはり早合点です。この1000名は「同じスタートラインに立った人」ではありません。

当時はまだ兵農分離がなされていないから、お百姓さんが農閑期に侍をやっていたというケースが非常に多いのです。そのほかに、足軽と言われる人たちがいて、彼らはいわゆる傭兵であり、主をころころ替えてわたり歩くたぐいの侍でした。今にたとえるなら、前者がパートタイマー、後者が派遣社員となるでしょう。

このほかにも、松平家に直接雇われたのではなく、有力な家来の下につきしたがう侍もおりました。彼らはさながら関連会社社員という存在です。

ところまでで兵力の圧倒的多数、9割以上になるはずです。残りの1割弱が松平家に直接雇用された社員ですが、その中にも、ある特定の技能をもって、そのスペシャリストとして雇われた、昇進が望めない人たちもおりました。こちらは現代なら専門職もしくは嘱託社員とでも言えましょうか。

こうした人を除いて、総合職正社員にあたる人たち、俗にいう「家臣」はどのくらいいたか、というと安祥時代はたった20数名に過ぎません。この総合職正社員に対して、大名になれた人は7名。そう、約3割にあたります。

同じように計算すると、岡崎時代の家臣は50名程度で大名になれたのは16名。駿河時代だと家臣団は100名を超えますが、大名になれた人は31名。

どうでしょう。**集団をそろえて「土俵に立てた人」をベースにすれば、いずれの時期も3割程度が大名となっている**のです。

こういう風に、母集団を「同じ土俵に立てた人」にすると、成功者はやはり2〜3割になる。これが、仕事というものにおける一つの不思議な普遍則なのです。ただ、再度言いますが、彼らは、徳川家康や豊臣秀吉のような天下人になったわけではありません。こうしたレジェンドになれるのは同じ土俵に立てた人のうちの、やはり何万分の一。そうではなくて、そこそこに成功する割合が2〜3割なのです。

野球でもドラフトやドラフト外で入団できる人は、毎年各球団で6〜10名程度。この中で、野手ならレギュラー、投手ならローテーション入りしてコンスタントに活躍できる人が大体2〜3名となるので、やはり同じでしょう。

職業とは大体こんな感じなのです。

成功が難しいといわれる職業の場合は、その世界に入るのに厳しい選抜がなされる。だから「同じ土俵に立てた人」が相当ハイレベルになっている。そこから成功に至る人は2〜3割。

それほど難しくなさそうな職業の場合、入職の選抜も緩いから玉石混交状態となっている。そんな玉石混交状態だから、難しくはない仕事なのに成功者はやはり2〜3割しか出ない。

これが、人材業界で経験則として言われる職業の成功確率というものです。

一般社会でもこれに類する話は「2・8の定理」とか「2・6・2の法則」などという言葉で語られています。どんなに厳しく選抜して組織を作っても、上の2割が成功する、もしくは、上2割が成功、下2割が失敗、残りが普通というものです。この言葉は耳にしたことがあるのではないでしょうか。

「仕事」という勝負の、賭け金は何か?

さて、「同じ土俵に立てたなら成功確率は2〜3割」という経験則をもとに、人材業界の人たちは、相談者にこんなアドバイスをしています。

たとえば、今あなたが就いている仕事で、「そこそこの成功」できる確率は2〜3割、つまりだいぶ手の届くところまで来ています。なのになぜ、あなたは今、悩んでいるのか。

その理由は、**クランボルツの5条件のどこかが機能不全となっている**場合が多い。だから、その点検をしましょう、と。

本来、その世界、その会社に入れたのだから、もうかなり成功は近いはずです。ところが、たとえば「好奇心」が萎え、新たなチャレンジをしなくなっている。もしくは「柔軟性」が低下し周囲の意見を聞かなくなっている。小さな成功に囚われ「冒険心」を失ってしまっている。はたまた、くよくよ悩み過ぎて「楽観性」に欠け、だから「持続性」が保たれていない……。こうした機能不全を正していくべき、と再点検を促すのです。

この5条件が全部機能していれば、「一生懸命頑張っている」状態となります。

では、今の状態を再点検して「一生懸命頑張っている」のに結果が出ないときはどうすべきでしょうか。

あなたが、しっかりと一つの仕事をやり切ったにもかかわらず、結果が出ないのであれば、次の仕事を見つけるべきでしょう。

そして、次の仕事でも採用試験をくぐりぬけ、スタートラインに立てたのなら、やはり「そこそこの成功」を収める可能性は2〜3割あります。それは決して低いものではありません。とすると、人間はクランボルツの5条件を保って目の前の仕事を一生懸命頑張れば、そう遠くない時点で必ず「そこそこの成功」を手に入れることができる。

仕事と成功の関係でいえば、クランボルツ理論はこんなことを教えてくれているのです。

もしあなたがビジネス・パーソンであり、荒々しい大きな夢もないなら、当面、今の仕事を一生懸命頑張るのは、決して分の悪い賭けではありません。それでもだめなら、次の仕事を見つけるのも、決して分の悪い勝負ではありません。どちらでも、2〜3割の成功確率があるのですから、宝くじや競馬よりずっと可能性は高いでしょう。**そのための賭け金はたった一つ、「一生懸命頑張る」こと。**

たけしさんは、こんな風にも語っています。

「努力とは宝くじを買うようなもので 当たり券を買うことではない[※6]」

その通り。

職業的成功とは、たったそれだけのことなのかもしれません。

仕事での当選確率は
2〜3割。
割の良いクジだから

「一生懸命」という
賭け金を払え。

※6　日本テレビ2013年11月18日放送『世界まる見え！　テレビ特捜部』より

§4 夢の代謝サイクル

夢の生煮えは厄介

夢はあきらめるべきか、夢はこだわるべきか。ここから先が、いよいよクランボルツの回答です。冒頭に登場したマイケル・ジョーダンの話を思い出してください。

この事例は、実を言うと「夢はかなわない」ということを示すためのものではありません。キャリア理論的には、もう少し深く読み取るべきことがあるのです。

彼はバスケットボールで大成功を収めていたのに、なぜ、野球に踏み出したのでしょう。その理由はすでに書きましたが、直接的には「父親の遺言」があったからです。でも、なぜ彼は、父親の遺言を素直に受け入れたのでしょうか。

それは、「夢を消化し、代謝したかった」からなのです。

彼は野球に踏み出しました。そうして夢が潰えました。それは、彼の後半生にどのような影響を与えたでしょうか。

結果、野球をあきらめられて、満足してNBAで一生過ごせたはずです。

そう、**夢はチャレンジしなければ葬ることはできません。その結果、夢は終わり、次の夢に進める。**逆に言うと、夢は消化しない限り、次には行けない。次の夢に行くためにはしっかり夢を消化すること。夢の新陳代謝を彼は行ったのです。

なぜ、ジョーダンは、29歳で野球にチャレンジしたのか

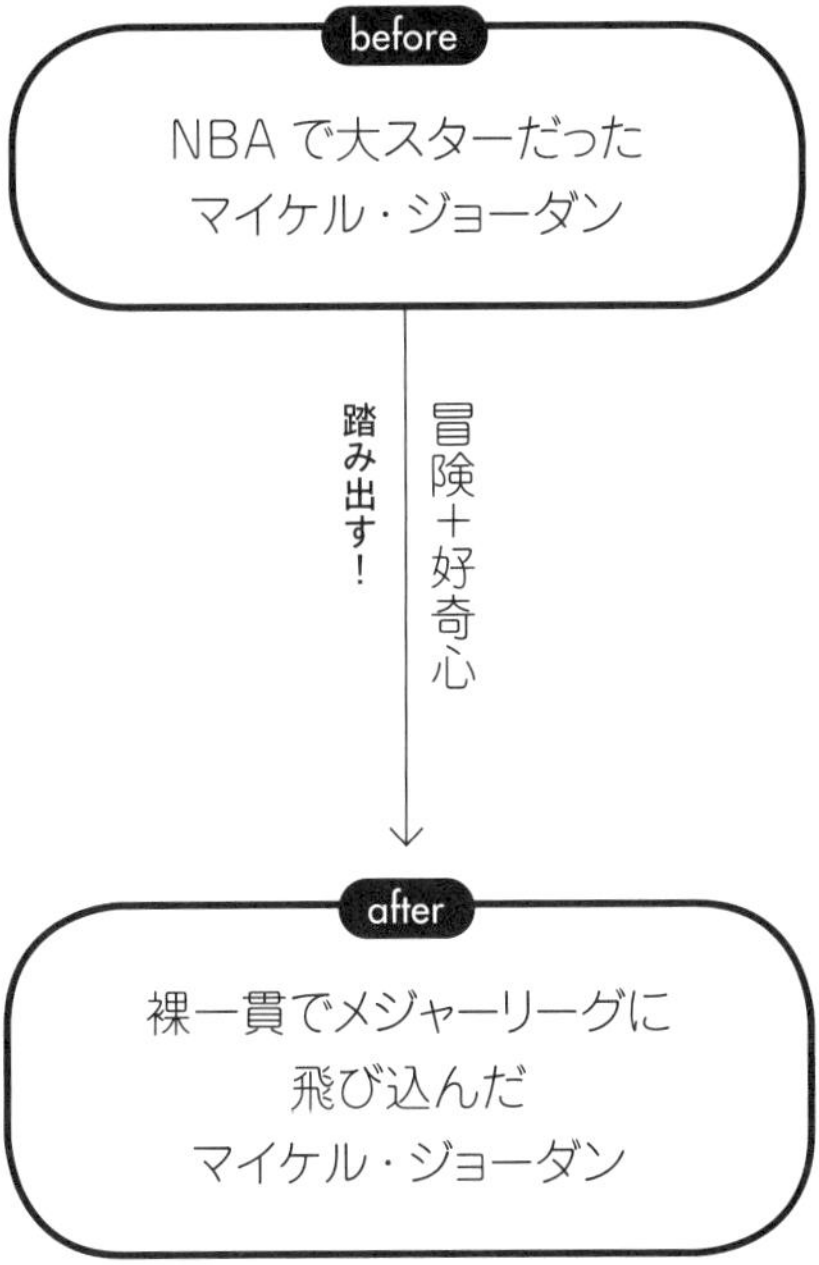

夢は、チャレンジしなければ、
葬ることはできない。
次の夢に行くためには、しっかり夢を消化する。

これだけの地位名声を確立した人が野球の世界では2軍以下から始めています。給与は1000分の1以下でしょう。それでも「一生懸命頑張り続けた」。彼は納得するまで3年間も野球に打ち込んでいます。そこまでやって駄目だったからこそ、夢は消化して葬《ほうむ》れた。

逆に、**夢は生煮えのままだと厄介**なんです。

たとえば、成功した人のすぐそばにいて、自分もそれなりに才能があった人って、厄介です。かつての甲子園球児が現役の野球選手をテレビで見ながら、「高校時代は俺も、奴から三振をとったのに」とか、人気のお笑い芸人を指さして「養成所では俺の方がおもしろかった」と、居酒屋でくだを巻く人を多々見かけます。**彼らは夢を生煮えのままで終えてしまった。だから、くだを巻く**のです。

夢はしっかり代謝すること。そのためにもキャリア理論が使えます。

代謝とは、

❶まず踏み出すこと。踏み出すというのは、冒険心や好奇心や楽観性が必要です。

❷そして一から始める。これは柔軟性が必要です。

❸そして、続けること。これは持続性ですね。あっちこっちつまみ食いしたら、夢は

葬れません。

ジョーダンがとった行動は、夢はかなわないという証明ではなくて、キャリア理論的には「夢は代謝すべし」と受け止めるべきなのです。

夢の代謝サイクルにしっかり乗った人は、次の夢にも行けるわけです。くだを巻く人はその逆でしょう。そうしてしっかり夢を代謝し続ける人は、どこかで成功にたどりつく。なぜなら、（野球選手や芸能人はさすがに難しいでしょうが）世にある普通の職業は、前章で説明した通り、それほど狭き門ではないからです。土俵に立てれば、そのうちの2〜3割の人はそこそこの成功を得ることができます。

夢はしっかりこだわるべき。

夢は新たに見つけるべき。

この一見真反対に見える二つの話も、ここでようやくつながります。

「夢」の代謝サイクル

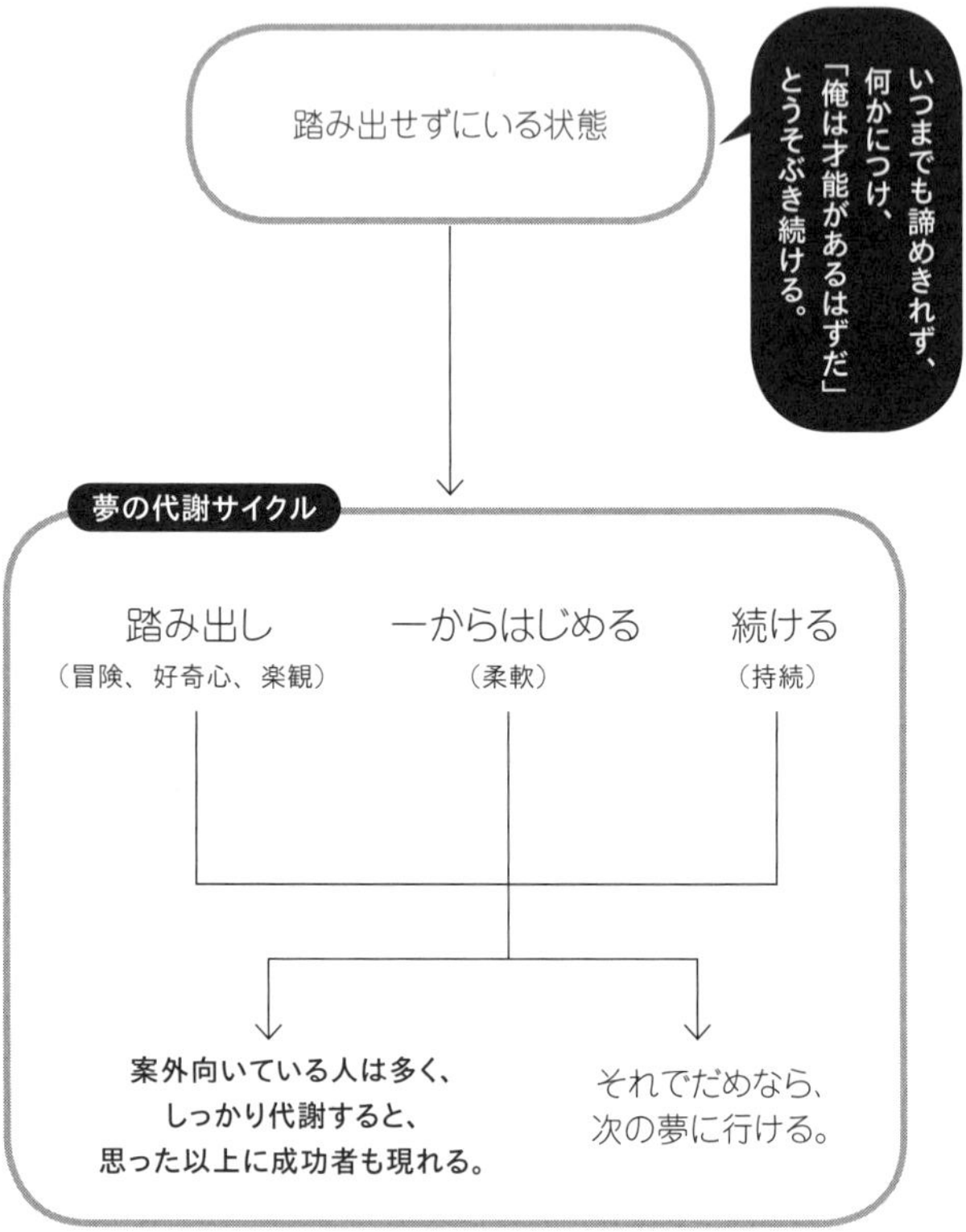

真剣に夢を代謝しなければ、
①次の夢にも行けず
②才能があることでも成功できずに終わる

「夢はしっかりこだわって、その結果、消化して、次の夢に行く」

この流れを続けた人は、多くの場合、どこかでかなう夢に行き着くのです。

だから、夢はかなえるものでも、見つけるものでもなくて、見つかるものなのだ、と言えそうです。

逆に、毎度、真剣に夢を代謝しなければ次の夢にも行けず、そして才能があってうまくいくはずだったことでさえ成功できずに終わる。これがくすぶり続けるという状態ですね。だから夢は消化していきましょう。夢とは抱くばかりではなく、熟《こな》すことが大切。さもなくば次の夢も成功もやってこない。

少年よ、大志を熟《こな》せ。

「夢はかなわない」ではなく、「賭け金を払い、代謝しろ」が本意

ここまで理解してもらえましたか？

キャリア理論って、真反対のことが並列されるから、どうしたらよいのかわからなくなってしまいます。でも、噛み砕いて考えていくと、だいぶ見えてきたのではありませんか。

そう、クランボルツの計画的偶発性理論は、3幕構成となっているのです。

第一幕：夢はまた見つかる。
第二幕：夢はけっこうかなう。
第三幕：だからきちんと代謝すべし。

大切なのは、夢を代謝することなのです。努力は必ず報われるとか夢は必ずかなうなんて、こんな薄っぺらいことじゃなくって、夢はきちんと消化していきなさいという話なんです。これが、夢という厄介なシロモノへの対処法。

さあ、ここまでわかると、最初に出てきたお笑いレジェンドたちの「夢と努力の否定」

的な言葉もようやく理解できるのです。実はこれも「代謝」で説明が可能。彼らが否定的な言葉遣いの前後で、どのような話をしているか、それをまずは見てみます。

「ただ生きることが一番大切であって、負け続けることも大切だと思う」[※7]
（ビートたけし）

この「負け続け」ても一生懸命「生きる」ということは、「賭け金を支払い、しっかり代謝しろ」に他ならないのではありませんか？

タモリさんはもっと端的に、ずばり語っています。

「いろいろ私はあきらめて生きてきましたよ。だが、あきらめてもそこで終了ではない。（挫折によって）『自分がいかに下らない人間か』ということを思い知ることで、スーッと楽にもなる」

「一度はドドドーンって落ち込むけどね。すぐに立ち直って、明るくなっ

ちゃうんだよ。『なんだ、俺はいままでこんなつまらんことにこだわってたのか』って※8」（タモリ）

まさに、代謝しろ！　ですね。
さんまさんも同じです。

「人は見返りを求めるとろくなことないからね。見返りなしで出来る人が一番素敵な人やね※9」（さんま）

そう、かなえるとか見つけるとか、そんな結果を求めるのではなく、ひたむきに頑張り続けること。これも賭け金と代謝を示しているのでしょう。

夢は流れない。
それは
積み重なる。

日本的な環境でキャリア理論を読み解く

ここで少し、現実に戻ることにしましょう。

そんな、夢ばかり追いかけないといけないのか。

いや実際には、「夢などそもそもないし、今の会社で、それほどいやなこともないし」という人たちが世の中の大多数だと思うのです。その場合、キャリア理論はどう活用できるのでしょうか。

ここでは3章の話が効いてきます。

復習しますが、職業というのは、その仕事に就けた時点で、しっかり頑張れば、2〜3割はそこそこの成功を収められるのです。今の会社で自分はえらくなり、そこそこの成功を収めることは難しくありません。もちろん、これも前章で書きましたが、会社の中で「イチロー」や「松本さん」のようにキラ星と輝いて社長まで上り詰められる人は、ホンの少数でしょう。そうではなくて、野球で言えば「一軍に上がってレギュラーになれる」程度、一般企業なら部長まで昇進できる程度の成功は難しくはないのです。

ところが、冒険心や持続性や柔軟性や好奇心に欠けているために、途中で成長のサイクルから脱落してしまう――。本気で「部長になる」という夢を消化していたなら、実際は、多くの人にチャンスはあったはずなのです。とすると、あなたは今の会社で「そこそこの成功を収められる」可能性が高い。まずはその夢を代謝してみてはどうでしょう。

一方、夢をあきらめて、転職をすべき人もいるでしょう。それは明らかに「向いていない」という人たちです。ひとしきり代謝したら、「また新たな夢を見つける」べき。代謝したからこそ、次の会社に行ける。

ここからはキャリア理論ではなく、これまた人材ビジネスに長く携わってきた経験から私論を語らせていただきます。

私は、転職すべきかどうか聞かれたとき、即座に以下のように答えています。

「仕事がつらくても辞めるな。会社がつらいなら辞めろ」

これは、日本的な仕事環境での鉄則なのです。

目の前の仕事は、日本の場合、異動や配転があるから、これから先いくらでも変わります。たとえば、顧客が嫌なタイプだ、上司とそりが合わないといっても、これはあっという間にシャッフルされてしまう。職務内容が合わない場合でさえ、救済的に人事発令が出て、別の職種に移れることは多々あります。解雇が難しい日本の場合、今いる人材をくすぶらせずにうまく活用しなければならないから、こうしたシャッフルや救済が必然的になされるのです。

だから、今の「仕事環境」は容易に変化する。いやそれ以前に、単なる不慣れでつらいだけで、今後、腕前が上がれば楽しくなるといった成長の壁、という場合も多いでしょう。

だから目の前の仕事がつらくても辞めるべきではない、とそう伝えています。

それよりも、社風が合わない、つまり会社自体に合わない場合は、たとえ今の仕事が楽しくとも、辞めてしまった方がよいと話します。社風というのは社内どの部署にいっても、濃淡の差はあれ根付いているものです。その水に合わないようなら、どこに移ってもつらいでしょう。だから辞めてしまった方がよいのです。

社風が合うかどうか。それは、3年も勤めればわかる。しっかり3年頑張って、それでも合わないなら、会社も代謝（退社）すべき。そして新しい会社で次の夢を目指す。そんな風にアドバイスします。

欧米の会社は日本のように、人事による異動や調整がないので、仕事が合わない場合、即辞める人が多い。だから転職率も高いのですが、そこは日本の企業と構造的に異なるところなので、分けて考えるべきでしょう。

勘違いか、本物か、その見極め方

さて、ではあなたが今、「夢がある」場合はどうでしょうか。

別に今の仕事も会社も嫌ではなく、そこそこ向いているから、将来的には課長↓部長まで行ける可能性は高い。でも、どうしても捨てられない好きな趣味がある。その道でプロを目指したい。たとえば、芸人やミュージシャン、小説家等々。そんなときはどうすればいいでしょうか。

少し図解を交えて考えることにしましょう。

諦める・こだわるの境目

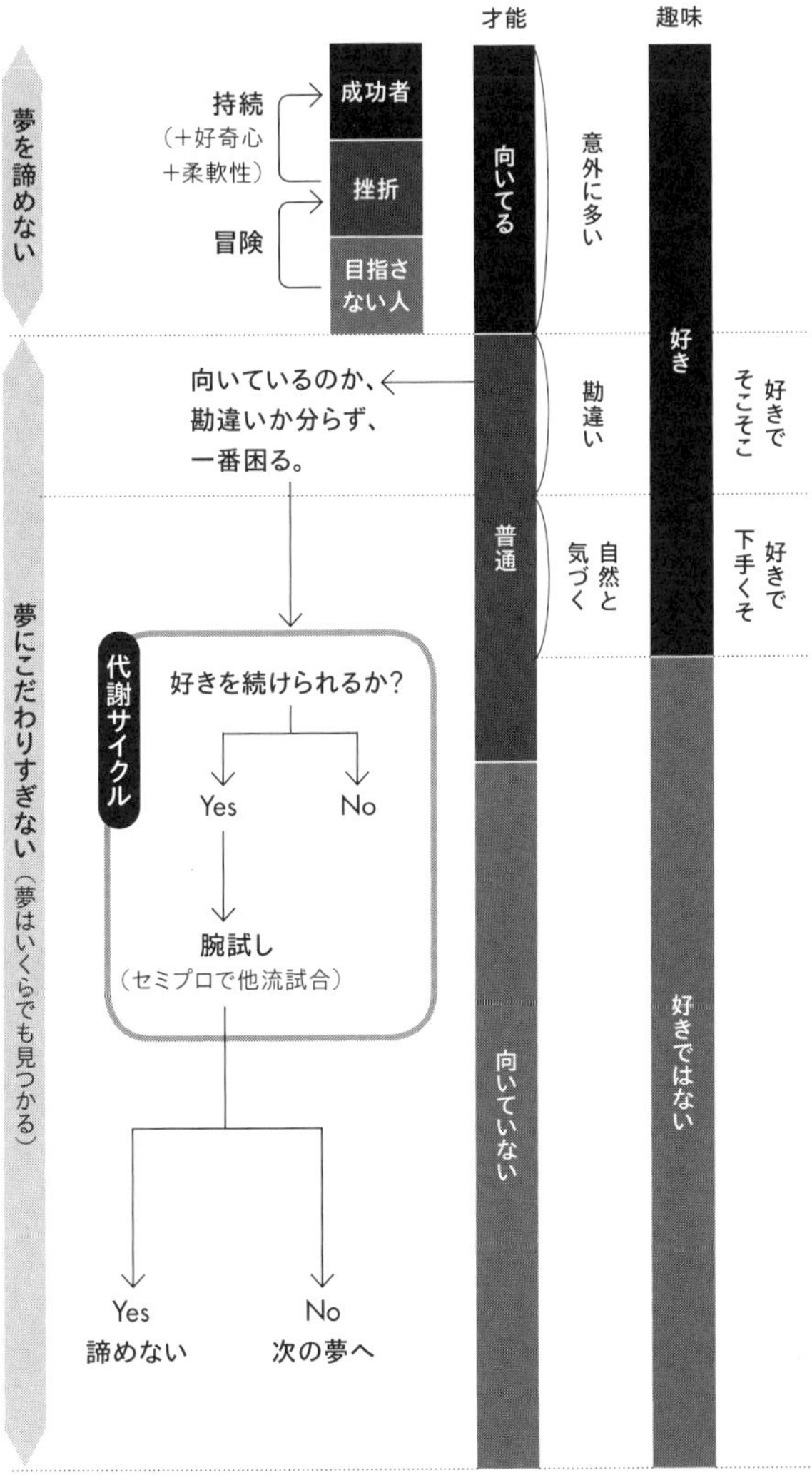

現代社会は、腕試しの場が豊富にある。
仕事を続けながら、空き時間で夢は代謝できる。

社会人になって定職があるのに、趣味の道に進みたい、と考えている。でもどうやって、夢を代謝すべきか。そもそも、その道に「入職」できるのか。そう、スタートラインに立てば成功は2〜3割なのでしょうが、そこまで行き着けるかどうかがわかりません。こんな「まだ土俵に上がっていない状態」の夢はどうすべきか。

ここを少し掘り下げてみましょう。

「好き」でも「向いている（スタートラインに立てる）」かどうかは別問題です。「好き」でプロに手が届きそうなかなりいい線の人もいるし、「好き」でも一般人よりややうまい程度の人もいます。

で、ややうまいくらいの人たちなのですが、彼らの場合、少し本気で打ち込めば、周囲にもっときらりと光る人がけっこういて、やがてあきらめることになります。そう、案外早く夢は代謝できるわけです。たとえば野球が少々うまくて地元のリトルリーグでそここそ目立っていても、強豪の高校に入れば、自分の才能レベルにもすぐ気づける。だから、けっこう早く結論が出ます。

一番困るのは、好きでかなりいい線の人、行けそうか行けないか、境目くらいにいる人たちなんです。それが、「勘違い」なのか、「本物」なのか、わからない。

キャリアの話をしてくると、ここらあたりにいる人が一番つらいと思えます。スポーツ、芸人、ミュージシャン、クリエイター、小説家……。こうした領域で境目にいる人たちが、一番悩むところなんです。この人たちに言ってあげることは何か。それは「保険をかけて、夢を代謝しろ」です。

現代の日本にはセミプロとかノンプロというプロ一歩手前の市場が非常に発達しています。熱意さえあれば、サラリーマンをやりながら副業として土日に、いや平日の夜だって、その腕前がセミプロ市場で試せます。だから、腕試しすることをまずは勧めています。それくらいの熱意がある人しか成功もしないでしょう。セミプロ市場で腕試しすれば、やがてイエスかノーか結論が出てきます。イエスならあきらめなければいいじゃないですか。そう、前章で話した芸人のように、向いてる人はけっこう多いのです。ノーの場合は、しっかり消化したのだから、代謝して次の夢にいけるでしょう。それが、ジョーダンならばバスケットボールでしたが、あなたは今の会社なのかもしれません。

近年は、セミプロ市場というものが思いのほか大きくなってもいます。たとえば、記者なんて仕事、かつては新聞社か出版社以外ではありえませんでした。アナウンサーやキャスターもテレビかラジオしか活躍の場はなかったでしょう。今では、ネット上の媒体でそのどちらもが腕試しができるのです。小説だって携帯電話からも発表できるような媒体があり、そこで即売もできます。地下アイドルなんて人たちも生まれたし、野球なら独立リーグだってある。料理だってそう。クックパッド一つで有名になってる奥さんがいますよね、「かさ増しのカリスマ主婦」とか言われて。

ちょっと前まではせいぜいコントとか演劇、音楽くらいしかなかったセミプロ市場が、今はもう本当に多種多様にある。だから、踏み出して、代謝サイクルで夢を消化すればいいじゃないですか。セミプロなら、仕事も学校も辞めずにできるから、そこでやってみて、そこそこ食べていけるぐらいなら、本気になればいいのです。

好きなことを続けられて、あきらめきれないなら、まずは腕試ししなさいと言いたい。そうではなくて、実績もないのに過信しているのは駄目。セミプロで「持続」できなかった人もだめ。もちろん、ほんの少し売れてチヤホヤされて天狗になるのもダメ。成功への道筋が、そこですべて試せるんです。

腕試しもせず、俺はイケてるだとか、あのときやってたらな、というタラレバを続けるのは体にも良くないし、心にも良くないし、人生にも良くないということですね。

退社しないで
代謝しろ。

※7　大阪ABC2016年8月1日放送、特別番組『高校野球100年の真実～心揺さぶる真夏のストーリー！』より
※8　戸部田誠（イーストプレス社刊）『タモリ学』より
※9　MBSラジオ2014年6月7日放送『ヤングタウン土曜日』

§5 5条件取り扱い上の注意

無謀とチャンスの違い

ここまでで大体、本論は終わりで、ここから先は補足となります。

「それでも、クランボルツの理論がうまく活用できない」というときにどうしたらよいか、という話。

5条件はそれぞれ、本人の性格により、受け入れやすいものと、そうでないものとに分かれます。たとえば飽きっぽい人は、好奇心には自信があるが、持続性がからきしないとか。こだわりが強いタイプは、持続性は問題ないのに、柔軟性が欠如しがちとか。

そんな風に自身の性格により、「受け入れやすい」条件とそうでないものに分かれてきます。受け入れやすいものについては、それを自分の行動に取り入れるのは簡単ですが、過剰にやりすぎてしまうとやはり問題となるでしょう。やりすぎに注意してください。

一方、自分の性格的に受け入れにくい条件の方は、それを取り入れるのに抵抗を感じがちです。

こうした「過剰に取り入れてしまう」「取り入れるのに抵抗を感じる」点について、補足をしておきます。

まず、「冒険心」「楽観性」「好奇心」の3条件について。この3条件は、専門的に言うと

「比較的近い因子」であり、3つそろって持っている人がけっこう多いのです。そして、この3つをそろって保持している人は、問題となる行動を起こしがちです。それが何か、想像は容易につきますね。

そう、「無謀」な行動に出てしまうのです。

こうした「無謀」な行動を戒めるのが、「柔軟性」だと言えるでしょう。柔軟に周囲の意見に耳を貸していたら、無謀過ぎる行動に対してストップもかけられるわけです。

ただ、周囲には悲観的で、冒険を頭ごなしに否定するタイプの人間も多くいます。そんな人のアドバイスまで「柔軟に」聞いていると本当のチャンスさえ見逃してしまうことにもなりがちです。

では、「無謀」と「チャンス」の違いをどう見極めたらよいのか。

その方法を考えていくことにしましょう。

ここから先は、組織心理学の先人、ハーズバーグやエドウィン・ロックの研究を借りて、話を進めることにいたします。

できるかできないかギリギリの階段

チャンスとは、それを乗り越えたときに、大きな成長を得られる機会のことを言います。

では、人間というのはどういうときに一番成長するのか。エドウィン・ロックは、それに端的な答えを示しています。

- 人は、易しすぎる目標だと、マンネリになったり甘えたりして成長が滞る。
- 逆に難しすぎる目標だと、潰れて挫折してしまう。これが「無謀」と言える。
- 一番成長するのは、できるかできないかギリギリの目標のときとなる。

とするならば、できるかできないかギリギリの機会、というのがチャンスと言えそうですね。

非常に腹に落ちる論理ですが、ただ、これだけではまだ不十分です。「できるかできないかギリギリ」とはどういう状態かがよくわからないからですね。

そこでこのロジックに対して、心理学者の大沢武志は、以下のように補足しています。

できるかできないかギリギリとは、

❶ 生かし場が含まれていること。
❷ 逃げ場がないこと。

❶の「生かし場」とは、自分の経験とか知識とかキャラクターとかコネクションとか何かしら過去の財産が生かせる、ということ。それを残しておかないと、挫折してしまうのですね。よく、欠点をただすために、苦手なことばかりを押し込んで、ショック療法を施すような指導が行われますが、これはうまくいかないのです。苦手なことの中に多少なりとも生かし場を用意することが大切です。

だから、今目の前にある機会が、無謀な挑戦かどうか判別するポイントは、自分の過去の財産から、何か生かせるものがあるかどうかにあります。あそこには自分の知ってる人がいて、彼がフォローしてくれる。これはコネが生かせるわけですよね。自分の底抜けに明るい性格で乗り切れそうだ。これ、キャラが生かせるということですね。もしくは、あの舞台には一度出たことがあって、どういう客層かよくわかってる。これは経験が生きるわけです。こうやって検証してみたとき、何かしら生かせるものがない場合は、無謀、ということになります。

続いて❷の「逃げ場をなくす」方。なんか❶の言葉と矛盾しそうですが、そうではありません。生かし場があるのに逃げ場がない状態を作る。逃げ場とは、困難にぶつかったとき、それに真剣に立ち向かわず、逃げ込んでしまえるような横道、のことです。逃げ場があれば、往々にして人はそちらに進んでしまいます。

たとえば、営業の人で、大手企業を相手にするのが苦手という営業職の人がいたとします。上司は彼に成長してもらうために、大手企業のお客さんを少しだけ割り振ったとしましょう。20社くらいある彼の担当企業の中に、1~2社大手を入れました。こんな状態だと、この人はどんな行動をするでしょうか。答えは、苦手な大手にはほんの申し訳程度にしか足を運ばず、自分の大好きな中小顧客にばかり行ってしまうのです。これではだめですね。人は、逃げ道があればそこに逃げ込んでしまうのです。こんなとき、一気に大手を4~5社くらい持たせて、中小顧客を10社にまで減らしたらどうでしょう。さすがに中小10社では、目標の半分もいきません。これじゃいくら彼だって、大手に真剣にあたらなければならないと思うでしょう。そう、「逃げ道がふさがれた」状態ですね。こうしないと、人は真剣に困難に立ち向かわないのです。

さて、こんな「逃げ道のない状態」でも、立派に彼の生かし場は残っています。なぜなら、売り慣れた商品で相手先の事業部も変わらないのだから、今までの知識や売り方などはそのまま生かせるのですから。こうした状態が「生かし場」を残し「逃げ場」をつぶす、ということ。そう、この両立はできるのです。よい機会とはこうした状態を言います。

身勝手な冒険よりも、与えられた無謀な機会

こうした「生かし場はあるけど逃げ場がない」状態とは、どうやったら作れるか。答えは意外なほど簡単です。

それは、「相手からもらった無謀とも思える機会を生かす」ことなのです。そう、相手からもらった機会は謙虚に受け止めていくべき。ここなんです。

なぜ、他人が自分に機会を用意してくれるか。相手は何もボランティアでしてくれているわけではないでしょう。その逆。向こうは向こうで、失敗や損はしたくない、と考えています。ということは、一見無謀に思えるような話だけど、その裏には、「奴ならここが生

かせる」という判断があり、それでオーダーが出された。つまり、何かしらの生かし場を向こうが見つけて声を掛けてくれているのです。

厚切りジェイソンという芸人さんがいます。前にも一度触れていますが、デビュー当初は、日本人の行動を外国人から見て揶揄《やゆ》する「Why Japanese People」という一芸のみで、のしてきました。ただ、そこからグルメレポーターをやり、ワイドショーのコメンテーターをやり、その後は、キャリアや雇用問題なんかの堅い番組にも呼ばれ……と、徐々に仕事の領域を広げています。

なぜ、こんなオーダーが来たのか？　まったく未経験の異分野だけれども、「彼の日米比較文化論が生かせる」ということがキーになっていたでしょう。

そう、そこが生かせるだろうから、まったくの未経験の異分野からも声が掛かった。つまり、「生かし場」があるのです。それが「他人からもらった機会」と言えるでしょう。「他人から与えられた機会には、生かし場が含まれている」。この法則は、とくにビジネスの場面では通じ易いでしょう。ビジネスの場であれば、より、損得勘定がきちんと働くからです。自分が損するのは嫌だから、何かしら相手の生かし場、「あれが生かせるんじゃないか」というのをちゃんと考えてこっちに機会を提示してくるわけです。と同時に、ビジネスで与えられた機会は、途中で投げ出してうやむやにすることも難しい。つまり「逃げ場」もない。だから成長が促される。

と考えると、自分から無謀な挑戦をしていくよりは、相手から声を掛けられた機会というものを大切にすべきという結論になります。そう、チャンスというのは、自ら紡ぎ続けるものではなく相手からもらう。つまり相手あってのことであり、だから偶然の出会いを大切にすべき……やっぱりクランボルツにつながっていると考えてよさそうです。

無鉄砲な賭けより
与えられた機会。

ここまでをまとめてみましょう。

「冒険心」「楽観性」「好奇心」の過剰を「戒める役目」として「柔軟性」があります。周囲の意見に「柔軟」に耳を向ければ、「冒険心」「楽観性」「好奇心」の過剰で起きがちな、無謀な行動は戒められるからです。ただし、周囲の意見に引っ張られすぎると、本当のチャンスを逃してしまうこともある。無謀にならず、一方で弱気にもならない。「ちょうどよい頃合い」とはどうやったら見極められるのか。この判断基準となりうるのが「相手が与えてくれた無謀な機会」です。

相手も損得で考えているわけだから、何の勝算もなく、機会など用意してはくれません。とすると、与えられた機会には、必ず、「自分の能力を生かせる」部分が含まれている。そして、自分の能力が生かせる部分が含まれているのなら、それは無謀とは言えない。だから、「相手の用意した機会に乗る」という方法が、「冒険心」「楽観性」「好奇心」と「柔軟性」を両立させるポイントとなるのです。「周囲の意見」に柔軟、ではなく、「周囲がくれた機会」に柔軟、と解釈すべきでしょう。

楽観的になれない人のための、「悲観」料理法

続いて、二つ目のクランボルツ取り扱い上の注意の話をいたします。

「私は、楽観や冒険が苦手」という、いわゆる悲観的な人はどうすべきかという話です。周囲の人は勝手なもので、「くよくよせず楽観的にいこう!」などと言うのですが、そう言われるとますます困ってしまいます。私も悲観的な人間だから、その気持ちはよくわかります。

ただ、こういう言葉、知ってますか。

悲観は気分の問題だ。楽観は意志だ。

これはアランの『幸福論』にある有名な言葉です。政治家が好んで使う言葉でもあり、小泉純一郎さんも大好きでしたが、安倍晋三さんも好きだと聞きます。

それからもう一つ。

楽観は最高の勇気だ。

こちらはアーネスト・シャクルトンという人の言葉です。偉大なる冒険家、ある面、史上最強の冒険家とも言われている人です。

この二つの名言、どういう意味だかわかりますか？

単純に考えると、「要は気の持ち方しだいだ、くよくよするな」になってしまいますね。でもそうすると、「気の持ちようって言ったって、自分は悲観的だからそんな風になれない」と、反発してしまいます。

ただ、違うのです。この言葉は、「悲観をけなしては駄目。悲観と戦っちゃダメ。悲観は利用しなきゃいけない」という意味です。そう聞くとホッとしませんか。悲観を捨てろとか悲観は駄目だ、ではなくて悲観は利用しろと。

にわかには信じられないことかもしれませんが、以下、説明させていただきます。

究極の探検家はなぜ喝采を浴びたか

アーネスト・シャクルトンとは、今から100年以上も昔の探検家で、南極を3回も調査した人です。ちょうど当時は、南極の極点到達で、アムンゼンとスコットが競っていた時代です。誰が一番最初に極点にたどり着けるかという競争で、これはアムンゼンが勝ちました。

なぜスコットは負けてしまったか。スコットはイギリス人です。当時からイギリスでは動物愛護熱が高まっており、犬ぞりを使うことに批判が強かった。そこで、スコットランド産の馬を使うわけです。

一方、アムンゼンはイヌイットから犬ぞりを犬も含めてもらいうけ、それを使う。イヌイットの犬だから、極寒にも耐えうるわけです。

この辺が、イギリス人のわからないところで、何で犬は駄目で馬はいいのか。狭量な価値観としか言えなさそうですね。ただ、その結果が悲劇につながっていくのです。

スコットが使役した馬は、寒さに耐えられず途中でバタバタと倒れていきます。彼らは人力でそりを引いていかなくてはならなくなるのです。そうして旅程に遅れを来し、極点到達でアムンゼンに負けてしまう。

結果、帰り道で彼らは二重に重たい荷物を背負うことになります。

一つは文字通り、人力で担ぐ重い荷物で、もう一つは負けたという心理的な負荷。旗が刺さっていたのですね、極点にはアムンゼンの刺した一番乗りの旗が。こういう重い過酷な帰途につき、その結果、彼らはどうなったか。ベースキャンプまであと30キロ。30キロと言ったら、東京から横浜、大阪から京都ぐらいの距離です。そのぐらいのところまで来ていて、全滅してしまいました。これがスコットの悲劇として語られる話です。

こんな時代背景の中で、シャクルトンの話をすればわかっていただけると思います。シャクルトン自身は極点到達競争をしていたわけではなく、調査のために南極に赴きました。ただ、彼も遭難して道に迷ってしまいます。で、結果はどうなったか。そこから先がすごいのです。なんと、2年間も南極を放浪することになる。だけど2年間、持ちこたえてしまいます。現代のようにダウンとかヒートテックなどない時代、文字通り重装備で歩かなければならなかった中で、2年間も放浪する。

そして、最後には、一人も死なずに全員が生還するんです。驚くべき偉業ではないですか。

で、彼が残した言葉は「楽観は最高の勇気だ」。こんな偉業のあとにこの言葉だけを切り取られて聞かされると、それこそ「みんな楽観的に生きろ。暗いときでも明るい顔しろ」と解釈してしまいそうになります。

ただ、実際はその逆とも言えました。彼の楽観の裏にはものすごく悲観があって、結果、微に入り細を穿《うが》つような用意周到さがあった。例えば、「バンジョーなんて重いから捨てましょう、この際いらないのではないですか」と部下が言うと、「いや、だめだ。君、歌がうまいだろ？　ひょっとしてみんなが傷ついたとき、このバンジョーがみんなの気持ちを救ってくれるかもしれないから、君はこれだけ持っててくれ」となるのです。食材のあまりや端材なんかも、どうせ食べないから捨てようとすると、ビバークする穴の所に埋めて、さらに目印まで立てておく、とか。

悲観に暮れるくらいなら、周到に準備を整える

超繊細に、悲観的に「もしも」に備えた行動をしていたから、迷ったときでも、あそこに行けばまだ食べ物がある、あそこには通って来た目印があると、悲観を払拭できる。つまり、悲観というのはそれを否定して捨て去るべきものではなく、それを利用しなきゃいけないわけですね。悲観を利用して万全に備えておけば、楽観的に生きていけるということ。逆に言えば、悲観的とは、それ自体がすごい才能だと気付くべきなのです。

——悲観は最高の武器だ。

大胆な行動の裏にあるものは、最悪、最低を想定した事前準備＝悲観。悲観的な人は、それを才能と思って、用意周到に準備すればいい。普通は、悲観的だと、あれも危ない、これも怖いと、踏み出すのを止めちゃうんです。そういう方向に「悲観」をつかってはいけません。それでは気分のままなんです。だから「悲観は気分の問題だ」とアランは戒める。気分で収めている暇があるなら、そこで見つけた問題をただせ。そうすれば楽観的になれる。「楽観は意志だ」とはそういうことなのでしょう。

京セラの創始者であり、近年は経営破綻《はたん》したＪＡＬの立て直しをしたことでも有名な、経営の神様でもある稲盛和夫《いなもりかずお》さんは、同じ言葉をこんな風に語っています。

楽観的に構想し、
悲観的に計画し、
楽観的に実行しろ。

楽観的じゃなければアイデアなんて浮かびません。だからブレインストーミングの段階では楽観的でいい。

一方、計画段階では、そんなことまで考えるの？　というぐらい悲観的に考えて、穴を埋めておく。

結果、楽観的に実行できる。

非常にわかりやすい経営格言でしょう。

これはまさにアランと同じことを言っているわけですね。

悩むとは気付くことだ。気付いたら改めろ。それが成功につながる。たくさん悩んで、たくさん改めれば、楽しくことが進められるだろう、と。非常にわかりやすい言葉ですね。

実は、今の日本で神と目されるような偉大な経営者って、けっこう、若いときは気弱で就活にも失敗して、という人が多いのです。土光敏夫《どこうとしお》さん、稲盛和夫さん、鈴木敏文《すずきとしふみ》さん、奥田碩《おくだひろし》さん……そんなレジェンドたちが、みんなやわで小さな人だった。何かしらの参考にもなると思うので、以下、彼らの社会人スタートのころの話を記しておきます。

日本のレジェンドの若かりしころ

土光《どこう》敏夫

東芝元社長

「土光は東京高等工業機械科（現東京工業大学）を卒業した後、大正9年3月に東京石川島造船所に入社した。就職難の中で石川島を選択せざるを得なかった。というのも、当時の技術系の大卒者にとって、もっとも人気があったのが満鉄（南満州鉄道）や三菱。初任給も月 200 円だったという。それに対して石川島は月給は 45 円。」（『教養として知っておきたい「昭和」の名経営者』松崎隆司著、三笠書房）

奥田碩《ひろし》

トヨタ自動車元社長

「私が大学を卒業した 1955（昭和 30）年は、景気がドン底のときで、卒業生の 3 分の 2 が就職できずに留年していましてね。自分も留年するのかなあと思っていたら、たまたまちょっと知り合いがいて、トヨタ自動車販売（当時）ならば採ってくれるというので選り好みせずに入社を決めました。だから、自動車業界の成長性を見込んでトヨタに入った、などと言うつもりはまったくない。自動車が好きでというのも違う。」（メンターダイヤモンド）

鈴木敏文

セブン&アイ・ホールディングス元会長

「ジャーナリストになる道も考えていたので新聞社の入社試験を受けた。ここでまたあがり症が頭をもたげ、筆記試験は通っても面接で落ちる。（中略）農協の県の幹部だった父親のつてで、農家向けの雑誌『家の光』を百万部以上出していた家の光協会が採ってくれるという。ところが方針が急に変わったとかで、その年（引用者注・1956 年）は一人も採用しないことになった。（中略）結局、家の光協会の役員に紹介してもらい東京出版販売（現トーハン）の試験を受けることができて、合格した」（「私の履歴書」2007 年 4 月 8 日付　日本経済新聞）

稲盛和夫

京セラ・KDDI 元社長

「1954 年（昭和 29）春、鹿児島大学4年となり、卒業、就職が迫ってきた。朝鮮戦争の特需が一巡、雇用情勢は厳しくなっていたころだ。（中略）帝国石油など希望した会社にはことごとくけられた。（中略）夏ごろ、竹下先生に呼ばれた。「私の知人が京都の碍子製造の会社にいる。そこなら何とかとってくれそうだ」。（中略）碍子会社は松風工業といった。（中略）夕方、寮に連れて行かれて、あ然とした。古ぼけたあばら家だ。（中略）一同期せずして「こんなボロ会社、早くやめような」」（『私の履歴書　経済人 36』日本経済新聞社）

アメリカのレジェンドはやはり語る

最後にこの人の話で終えようと思います。アップルの創始者で有名なスティーブ・ジョブズさんです。彼はパソコンのMacを作り、iPod、iPhone、iPadを世に出し、世の中のそこかしこにコンピュータが行き渡って生活の中に浸透していく社会を作りました。それをユビキタスと呼びます。

生涯かけてユビキタスを実現した彼も、実は浮き沈みの激しい人生を送っています。

彼が自らの半生を語った、スタンフォード大学卒業式での講演＝コネクティング・ザ・ドッツという名スピーチ。日本語訳もたくさん出ているし、ビデオも数多《あまた》見られます。コネクティング・ザ・ドッツ＝夢は点であるけれども、点はつながり線になり、線はやがて実を結ぶ。だからこざかしく考えずに貪欲に生きろ＝「ステイ・ハングリー、ステイ・フーリッシュ」が名言として心に刻まれた人も多いでしょう。

では、彼はどんな生い立ちだったか。実は彼、里子に出された、もらわれっ子です。母親であった女性が大学院の在学中に妊娠してしまい、シングルマザーでは育てられないので養子縁組が図られました。お母さまは、いい大学で弁護士を目指すキャリアです。

彼女がジョブズを養子に出すときの養親との約束は、「この子を大学までは行かせる」こと。里親となったご両親は、製造業に就き、質素な生活を送る人たちでした。しかし彼らはその約束をきちんと守り、お金を貯めて、あのアメリカのバカ高い学費を支払うことになります。

ジョブズの入った大学は、スタンフォードとかマサチューセッツみたいに有名ではありません。それでも学費は、日本円にして年間数百万もかかります。日本とちょっとレベルが違う金額です。

その大学は、カレントグラフ——日本語で言うと文字装飾——の教育が有名でした。

彼はそれに関心を持ち、熱心に学びます。ただ一方でパソコンにも強く興味を示し、在学中にガレージ起業をしてしまう。そうして、マッキントッシュというコンピュータを作るわけなんですね。

マッキントッシュは何が売りだったか。このコンピュータは、アイコンをクリックするだけで、多くの作業が実行できました。当時のコンピュータは、複雑なコマンドを手打ちしないとロクに動かないものだったのです。40年近くも前に、今のウィンドウズと同じ仕組みを取り入れた。まさに、ジョブズの先見性を示す好例でしょう。

そして、このコンピュータにはもう一つ売りがありました。PostScriptフォントというて、とてもきれいな文字が打てたのです。それまでのコンピュータでは、文字は点の集合として描かれていました。ドットですね。だから、拡大すると点が粗くなってしまう。つまり印刷に堪えられなかったのです。ところが彼は大学でかじったカレントグラフを応用して、線を関数で描くという形で文字を作った。それがPostScriptフォントです。この形の文字だと、どんなに大きくしても線だから絶対に乱れません。ということで、彼の作ったコンピュータはデザイナーとか印刷会社にものすごく使われるようになる。これでまず1回目の成功を手にするわけなんです。

このコンピュータはすごく売れたのですが、結果はどうなるか。彼はビジネス競争にはあまり興味ありません。アイデアがあふれていて、すごく面白いものを作って、大きく社会を変えるのですが、それはそっくりそのまま競合他社に真似られていくわけです。

結果、このままではアップルはつぶれてしまう、ということで、彼は1994年に社長の座を追われてしまいます。彼はそれから、ピクサーという3Dアニメを使った映画作りをする会社を立ち上げ、そこでグラフィックについてさらに知識を蓄えていきます。

一方、ジョブズが去ったアップルには、コンサルタント的な経営者がやってきて、会社を会社らしく整えていくのですが、でも今度は何もアイデアがない。それでは売れるようなものは作れません。そうしてアップルは倒産寸前まで追い込まれます。

こんな状態で、ジョブズ復帰が待望されるわけです。そうして彼はもう1回、アップルの社長になる。

計算ずくでヒットを連発、ユビキタスに世界を導く

そのあとはどうだったか。もう、会社の中はきれいになっているから、後顧の憂いがない。好きなことができる。そこからがご存じのようにヒット連発の快進撃となります。

まず手がけたのが、iMac。これは流線型のオールインワンパソコンで、配線は不要。そのうえスケルトンの半透明にクリアなブルーのツートンカラー。

パソコンというのはその頃本当に、黒か白しかありませんでした。それも四角い弁当箱みたいなものしかなかったのです。これじゃ、まともにリビングや応接間に置けないでしょう。家具とコーディネイトできませんからね。

当時は、ビジネスにしかパソコンをつかわないから、それでもよかった。ただ彼は、この先すぐに、パソコンがテレビにとって代わり、一日の大半をその前で過ごす家電になると見越していた。そこで、居間にも置けるきれいなパソコンを作ったのです。

結果iMacは、すでにコンピュータのデファクトだったWindowsと互換性がないのに、ものすごいヒット商品となります。大ヒットのあと、ジョブズは彼らしい記者会見をするんですね。「次の新製品について、僕が何を考えているかわかる?」と記者に投げかけるのです。記者の口からは「Windowsと互換性のあるもの」とか「スペックや値段」とか「新機能」しか出てきません。そこで彼はこう言うのです。

「僕は、今、青しかないから次は何色にしようかって考えていたんだ」

コンピュータが次第に生活に浸透し始めた。じゃ、青だけじゃコーディネイトに困るだろう。そんな、消費者の気持ちを手に取るようにずばりと言い当てる。まさに、彼の真骨頂です。

彼がその先、ユビキタスへの布石をどう用意したか。それは「コンピュータを持ち運ぶ」楽しさを知らしめること。そこで、その先兵に、iPodを用意します。iPodの中、あれはハードディスクですからコンピュータみたいなものですね。あの中には何千何万曲と入る。これは音楽シーンを一変させます。

それまでは、せいぜいミニディスクとか十数曲しか入らないから、音楽というのは選んで選んで大切に持ち運んでいました。それがiPodの登場後は、いくらでも入れっ放しに変わる。ありゃ、コンピュータって便利だ。知らず知らずのうちに、皆の心にそう刻まれたはずです。

そんな気持ちが冷めやらぬうちに、次の一手。コンピュータを持ち運ぶ第二歩として、iPhoneを出してくる。iPhoneって、携帯電話だと思っている人が多いでしょうけど、コンピュータなんですよ。あれは、コンピュータに電話機能がついているというのが正解なんです。ただ、携帯電話だと思っているから皆、違和感なくスーッと買った。うまいですね、だから売れる。

これが売れて、インターネットにどこでもつながるのがこんなに楽しいとわかった。

ここまでお膳立てができて、iPadですね。そのあとが、腕時計になっていく。

こうやって彼はどこにでもコンピュータがあるユビキタス社会を作りあげてしまうわけなんです。

すべては偶発的なもの、それが熱意でつながった

ところが、なんでも先を見越していたような彼でさえこう言います。

今から振り返ればそれは点が線につながっていた。でも、それは振り返ったからわかるのであって、若いときにこっち側など、見ても見えるもんじゃない、と。

考えてみれば、PostScriptフォントを作れたのは、たまたまカレントグラフの得意な大学に入れたからであり、また、彼が一度、アップルを追い出されたのも彼が意図してやったわけではなく、そして、会社がきれいになってちょうどよい時期に彼が復帰したのも、彼の算段でそうなったわけではありません。

それは全部偶然の産物であり、彼はこうした荒波にさらされながらも、熱心に、目の前の仕事をこなし続けたから、点は線となったと言えるでしょう。

30年後こうなっていようと見越して、そのためには40歳のときにはここまで行ってなきゃいけないな。30歳のとき、これ勉強して、25歳のときにはこんなふうな経験をしとこう……なんてキャリアプランニングをする人がよくいます。でもジョブズの人生を見てみても、まさに紆余《うよ》曲折《きょくせつ》で、計算なんかできないものでした。人生はそんなに都合良くできていないということでしょう。

「先を見越して点をつなぐことはできない。振り返ってつなぐことしかできない。だから将来何らかの形で点がつながると信じなければならない」（スティーブ・ジョブズ）

こうやったらうまくいく、などということはわからないのです。自分の人生は振り返ってみれば、夢に向かって歩いてきた線になっているのですが、各時点では目の前にあることに、真剣にチャレンジし続けた結果でしかありません。そのためにも、あまり計算高くキャリアプランニングなどせず、バカであれ汗をかけ、と説いています。それが、「Stay Hungry, Stay Foolish」という有名な言葉の意味するところでしょう。

そう、目の前の機会はきっと将来につながるから、前向きに受け入れ、頑張り続けろ、ということ。夢は代謝すべき、夢はまた見つかる＝クランボルツ理論、そのままの生き方ですね。

進むべき道は、折々変わっても必ず見つかる

ただ、ジョブズは「人間というのは本質的に進むべき道がわかっている」とも言います。だから、今の仕事に、まったく興味を持てず、ただ惰性で流しているだけの状態が続くのであれば、すぐにでもそこから立ち去れ、とも言っています。

「未来はこちらからはわからない」という先ほどの言葉と、「進むべき道がわかっている」ということの言葉。これは矛盾しそうで、どう解釈すべきでしょうか。

何より、多くの普通の人は、進むべき道筋など見えないでしょう。

ジョブズのように社会人の始まりのころに、成功への道筋がわかってしまう人は、よほどの偉人なのです。

普通の人たちは、進むべき方向は、折々の夢として見えたけれど、そちらに進んで一生懸命頑張り、それでだめなら、偶然の機会を豊富にしながら、また新たな夢にたどり着く。この繰り返しの中で、最終的にはかなう夢が「見つかる」。そうではなくて、唯々《いい》諾々《だくだく》と楽しくもない日々を続けるだけでは、人生決して花開かない。向いていない仕事であれば、新たな機会を求めよ。消化した後は、その夢にしがみつくな。凡人はそんな言葉に置き換えるのがよさそうです。

そう、夢はきちんと消化し、代謝する中で、必ず本物にたどり着く。

×かなえる
×見つける
○見つかる

「才能と成功」の解

（原題「タモリは双葉より芳し…かったか？」２０１４年４月１日　ＢＬＯＧＯＳ寄稿記事）

以下の小論は、２０１４年、『笑っていいとも』が最終回を迎えた翌日に、ネットメディアのＢＬＯＧＯＳに寄せた一文です。

クランボルツは登場いたしませんが、本書の趣旨をトレースできる内容なので、ここに収載させていただきました。執筆から3年たった今でも、本質的に私の考えは変わっていません。

キャリア研究の世界では有名な、グレートマンズ・セオリーの破綻や、レッスン＆エクスパーリエンスなど、軽くこの世界をなぞることもできるので、長文ですが、お付き合いいただければ幸いです。

「タモリ論」ではことごとく見落とされた「恥ずかしい」話

「笑っていいとも」の最終回が3月31日に放映された。これからお昼の時間帯に、何気なしにテレビをつければ、まあ、ハズレなく楽しめる一つの番組がなくなるという不自由さに、お茶の間の多くの人は気づき、改めてタモリのすごさを思い知ることになるのだろう。

半年ほど前、フラッとタモリが「終わるよ」といい、その力の入らない自然さがタモリらしくて、そこから人間タモリがWeb論壇でもミニブームとなっていった。その先頭を走り、流れを作ったのが、樋口毅宏《ひぐちたけひろ》氏の『タモリ論』（新潮新書）となるのだろう。

この本自体は、いいとも終了宣言よりも数か月先行して発売されている。だから、本当に、偶然運よく、ブームがあとからついてきて、それの先導役を果たしたことになる。このあたりは作者に運を感じずにはいられない。

とまれ、樋口さんが作ったブームの主柱、「タモリが狂わないのは、自分にも他人にも何ひとつ期待をしていないから」という、シニカルでニヒルなタモリ像が世には定着してしまった。

僕は樋口さんほどタモリに熱狂してきた人間ではない。ずっと、少々好きだった程度だ。ただ、樋口さんよりも二点ほど、タモリ観察に対してアドバンテージを有していると思う。

それは、彼よりも7歳ほど年上なことが一つ目。だから、僕は、タモリがデビューした当時から、同時代的に生の彼を知っている。天才的で真新しい芸風をテレビ・ラジオに持ち込んだ彼の偉業を、樋口さん同様に称賛してやまないのだが、それが完成するまでの、とりわけデビューからいいともが始まって、軌道に乗るまでの8年間くらいの時期と、僕のテレビ・ラジオ大好き時代がピッタリと重なっている。

だから、彼よりもずっと、「完成される前の拙い、裸の」タモリを知っている。

そして、熱狂的ではない程度の好きさだから、思い入れが少なく客観的な評価もできる。

この2つのアドバンテージをもとに、完成される前のタモリの話を開陳しておきたい。それは、現在のタモリ偶像から過去を探った場合には必ず見落とされる、タモリにとっては「恥ずかしい」エピソードばかりだ。だから、タモリ論ではことごとくそこが捨象されている。だけど、僕ら同時代の人間にとっては当たり前の話ばかりだ。

もろく崩れやすかったラジオ時代のタモリ

タモリが大舞台でデビューしたのは、昭和51年のオールナイトニッポン、そして同時期の日本テレビ「噂のチャンネル」になると思う。

博多のバーで知り合った、ジャズピアニストの山下洋輔氏の紹介で、ラジオ局に送った自己紹介用の短い録音テープを、タモリ自身が恥ずかしがるように、よくオールナイトニッポンでかけていた。ちょっとだけメジャーになっていた、デビュー3、4年目のことだ。

「え～、30歳を過ぎるまで、夜な夜なバーなどで、つまらない芸を披露しております森田一義と申します。その名前をひっくり返して、タモリなどと称しております。」こんな本当にたわいもない話を、音声だけで聞いていても緊張してこわばった表情で話しているのが目に浮かぶ。それがそのまま、当時のタモリだった。

そのタモリの繊細さがあればこそ、シニカルなウィットも生まれるのだが、当時の彼は当然その対価となる「もろさ」＝「狂い易さ」も、露呈していた。

そう、テレビでもラジオでも、窮すると黙り、そしてキレていたのだ。

ラジオでは、とりわけキレていた。嫌いな芸人、局関係者、アイドル、識者。片っ端から、批判しまくったのが、彼だった。それも、エピソードは些細《ささい》なことが多い。鈍感な一般人なら、「まあそんなこともあったか」と受け流せる程度の話に対して、彼は怒り、恥ずかしがり、そして反省していた。

僕が覚えていること。

たとえば、文化放送の王（字は確かではない）某というプロデューサーに、「番組が欲しいなら芸をやれ」といわれ、イグアナ芸などを披露したときのこと。冷や汗たらたらで演じたにもかかわらず、その王某は、言った。「圓鏡《えんきょう》（月の家、のち「橘家《たちばなや》圓蔵《えんぞう》」）の方が１００倍面白いね」。

この話、何度ラジオで聞いたか。

ほかにも、局が連れてきたモデル連中と飲み会になり、持ちネタ披露をせがまれたタモリが、必死にヒトラーの演説や、韓国語のコマーシャル芸をしたけれど、さっぱりウケなかった時のこと。このあとしばらくは、モデルバッシングが続く。

名古屋嫌いで、「えびふりゃー」ネタを積み重ねたときもそう。さだまさし嫌いも有名。とにかく、誰かに触れれば傷つき、その傷をトゲに磨きあげて、相手を刺しまくる、という「もろさ」が彼の真骨頂でもあったのだ。

繊細なキレ易さを逆手にとった近田春夫とのプロレス

この人嫌いのもろさを逆手に取ったのが、近田春夫との「プロレスマッチ」だろう。

タモリがラジオで散々近田の悪口を言いまくる。僕らリスナーは、「また始まった」とワクワクする。が、一方で、近田がリリースした「レディハリケーン」という歌のバックコーラスには、タモリが参加している。そのことを自ら暴露しながら、それでも「何がレディ、くるくるくるだ、このカッパ野郎」と悪態をつく。本当に仲が悪いのか、それとも出来レースなのかと深夜ラジオ雀は、注目する。

そこで、彼が最後に見せた仕掛けがすごかった。

近田春夫のオールナイト最終回に、タモリがさらりと「大人」を装いながら、労《ねぎら》いの電話を入れるのだ。

「近田君、どうもお疲れさま。いろいろあったけれど、君の存在が僕の糧にもなったよ。これからは、わだかまりも捨てて、仲良くやろう。僕は心の底では君のこと」

こんな風にマジ大人台詞を棒読みするタモリに対して、こらえきれなくなった近田がブチ切れる。

「何言ってんの、俺はレギュラー失くしてんだよ、あんた裏で汚いことして」

「な、何を君、急に根も葉もないこと」

「プロデューサーに手回しただろ。レコードの新譜の件でもネタは割れてんだ、あんたどこまで汚いこと」

勝ち残りで余裕を見せるタモリに対して、職場を追われる近田。

近田の剣幕に、色を失してコッペが割って入り、「オジサマ、オジサマ～」と叫びながら、ジングルが始まり、CMとなる。そのCMは近田春夫の「レディハリケーン」のプロモーションだったりして。

これ、明らかに「ヤラセ」だよね。

でも、高校生の僕は、「芸能界って怖い、大人って汚い」と手に汗握ったものだ。

横道にそれて申し訳ない。とにかく、タモリは人嫌いで、傷つき易く、「狂いまくっていた」。それを逆手にとって、こんな大仕掛けなくすぐりをやる、つまりまさにアングラ芸人だったのだ。

「出るわけねぇだろ！」宍戸の一喝に声も出ないタモリ

さて、テレビでタモリはどうだったか？

確かにキレてもいた。噂のチャンネルで、所ジョージや轟《とどろき》二《じ》郎《ろう》相手に馬乗りになり、鼻の穴と口に手を突っ込んだりするときは、キレていた。ただ、それは計算ずくの笑いでもあったが。

それよりも、困ると黙った。即興で受け流すのではなく、黙った。

同番組では、レギュラー陣の、木の葉のこのことを気に入っているという噂があった。タモリはその彼女と二人っきりになるコントは避け、「所とのこが、できている」というガセを流し、そちらに誘うようにしていたのを思い出す。

そう、繊細でまじめな地のキャラが透けて見えた。

ラジオのような、自分ひとりの世界では、それをキレ芸に昇華できたのだろうが、大所帯のゴールデン帯テレビだと、出演者も多く、予期せぬ動きにリアクションが取れず、黙るタモリをよく見かけたのだ。

そう考えると、デビュー当初は、ハナモゲラ語や四か国語麻雀、イグアナ芸などの持ちネタを連発していた理由もよくわかるだろう。つまり、出来あいの固定ネタでつなぎ、地の弱さを露呈させないようにしていたと僕には思えるのだ。

その後は、大仕事にも慣れ多少アドリブに余裕が出るのだが、テレビの世界は非常に厳しく、慣れれば慣れるほど、もっともっと難しい即興が必要となるように、ステップアップしていく。

だからタモリは、やっぱり黙った。

いいともの黎明期《れいめいき》は、「明日出てくれるかな?」というお決まりの質問に、「いやあ、ちょっと相談してから」という人もけっこうおり、中には、「無理」と秒殺するタレントさえいたのだ。

その最たる例が、宍戸錠《ししどじょう》だろう。当時、「くいしん坊!万才」という日本全国のおいしいものを食べ歩く帯番組に宍戸は出演していた。宍戸の頬は膨れている(一説によると整形手術のためともいわれる)。そこで、タモリが「あの人、食べる前から頬がもう、モグモグしてるんだよね」といいながら彼に電話、会場は笑いの渦。

そして、電話口に宍戸が現れ、「出てくれるかな」とタモリ。

宍戸は「出るわけねぇだろ、バカヤロー」とガチャ切り。

タモリは黙った。そこでCM。

そんなことがあったなー。タモリ論になぜこれが入ってないんだろ。

たけしと康夫ちゃんの大乱闘、でやっぱり黙ったタモリ

それから、東京音楽祭。

これはもう、「いいとも」が始まって3年くらいした頃だったと思う。

仰々しくデコレーションが施された大舞台で、タモリはガチガチ。相方に指名されたさんまもガチガチ。ブラウン管を通してもその緊張が伝わり、ギャグは滑りっぱなし、で見ているこちらまで汗をかく。この時は、その後しばらく、この盛り下がりを自虐ネタにしていたなぁ。

まだまだタモリはテレビで黙ったけれど、あと一つ書くなら、「いいとも」の最終回に登場したたけしが、初めて「いいとも」に出たときのことかな。

もうその頃は、お笑い三羽カラス（タモリ、たけし、そして当時は、いかりや長介）と言われて、お互いずいぶん意識してたのだと思うけど。

二人の会話が弾まない中で、田中康夫が上から目線で、「芸人たちは」とのたまった。今考えれば本当に豪華な共演なんだけど、そこでたけしがキレた。康夫ちゃんを羽交い締めにしちゃったんだよね。

間にいたタモリはやっぱり黙って、困ってた。

もう少しあとに、お笑いゴルフ頂上決戦が始まり、タモリとたけしとさんまでラウンドする番組が年1回ペースで続いたけど、その初回のときも、緊張と照れを隠して必死にしゃべりまくるたけし、間をとって笑いをつなぐさんまの間で、やっぱりタモリは黙った。

こんな連続。それが、デビューから10年くらいは続いていたんだと思う。

後からできた偶像でトレースすると見落とされる「本当の姿」

たとえば、偉人や英雄なんかも、同時代に生きた人と、後から振り返ってイメージに沿ってトレースした場合とでは、ずいぶん論調が異なるのだろう。

もう50代になる僕は、ようやく、この辺のことが、実体験としてわかってきた。

たけしもタモリ同様、繊細で現実をしっかり見ているタイプだから、同じようにキレたり、黙ったり、そして自分の卑小さを悲しんだりよくしていた。

たけし軍団がちょっと大きくなった昭和58年くらいかな。まだ、たけしのスポーツ大将や元気が出るテレビも始まる前で、雑誌のインタビューに彼はポツリとこんなことを話していた。

「こんな奴らに囲まれて、少し楽をしながら、自分の立ち位置を固めていきたい。そうしてそれが、欽ちゃんファミリーのような形になれたらいいけど、そこまでは無理なんじゃないかな」

欽ちゃんにはかなわないと弱音を吐いていたとは。

たけしは異性関係についてはタモリとちょっと違うんだけれど、売れて相当金回りも女運もよくなったあと、自分の妻に対してポツリとラジオで、
「離婚するとか別れるって言えないのは、相手がかわいそうなんじゃなくって、そのかわいそうな相手を見て、傷つく自分が嫌なだけで、優しさなんかじゃないんだよな」と一般論めかして語ったりしてたっけ。

そういえばこの人も、いいとものの前番組の「笑ってる場合ですよ」にライバルと目されたB&Bが総合司会として抜擢された時、相当落ち込んでもいた。

その直後にザ・ぼんちがさく裂したとき、ずいぶん彼らをくさしたねぇ。いや、ぼんちに対しては紳助もそうだったし、タモリだって、「そぉなんですよ、川崎さんって、俺のネタ盗りやがって、あのドロボー関西人」ってキレてた。

そう、みんな天才大御所という前に、弱くて狂いっぱなしの、才能あふれる若者だったことを思い出す。

元から天才は天才なのか、磨かれて天才となるのか

さて、この話をどう締めくくるか。

僕のお得意領域でもあるキャリアの話に少しだけ結びつけておきたい。

「梅檀《せんだん》は双葉《ふたば》より芳《かんば》し」という言葉。つまり、優秀な人は、幼少のころからキラリと光る、という。一方で、「天才は1%の才能と、99%の努力」だともいう。

こんな話は、キャリアの世界でもずっと研究され続けてきた。

アメリカでは１９５０〜60年代にそれが集大成される。マーレーとかアトキンスといった心理学者が、天才となるような資質を探しだし、マクレランドもそこに加わり、複数の角度から、調査研究が進んだ。とくに、偉大なる経営者とは、どういうタイプなのか、に注目が集まる。

器量、知能、体力、容貌、主義、信条、行動パターン……。グレートリーダーたちに、こうした「何か共通の優れた点」がないか探しまくる研究が続いた。それを「特性論」という。

こうした才能や資質による特性論は、リーダーになる人は、幼少期からもうその特質をもっているということで、「マトリョーシカ《ロシア人形》・モデル」と呼ぶ（あの、人形の中にまた小さいけれど同じ形をした人形が入っている、というあれです）。

この研究は大略失敗し、共通要素がきわめて小さいという結論に収束していく。１９７

0年前後にそれを、「グレートマンズ・セオリーの失敗」と称した。それでも諦めきれない人たちが、一部に共通するパターンを作り上げ、そこから「カリスマ・リーダーシップ」とか「チェンジ・リーダーシップ」とか「ビジョナリー・リーダーシップ」とかが騒がれながら今に至る。

こうした、偉大なる経営者のセオリーに、コペルニクス的転回をもたらしたのが、モーガン・マッコールだ。リーダーはある種似た経験をしており、そこから、似たノウハウを身につけている。リーダーの「資質」ではなく、「経験」の共通性に重きを置く、という理論だ。その様を「レッスン&エクスパーリエンス」(経験学習)と名づけた。ちなみに、その経験要素としてかなり大きな位置を占めるのが、「失敗」や「挫折」だという(同氏著『ハイ・フライヤー』より)。

凡人の僕からすると、かなりうれしい研究であり、この学説が現在でもキャリア界で一定の地位を占めていることに、胸をホッとなでおろす。

タモリだからできた部分と、タモリでさえできた部分

長く書いてしまったが、タモリもたけしも天才だ。しかし、それは彼らの芸風の中の、ほんの一部でしかない。逆に天才ゆえに、下手に触れれば壊れてしまうガラスのような負の部分も併せ持っていた。だから、黙り、キレたのだ。今のタモリの得意技である「醒めた言葉で受け流す」という行為に関して言えば、かつての繊細すぎるタモリのころは、通常人以下のレベルだったといえるだろう。

それが、失敗と反省により、少しずつ能力を磨いていく。そして、対応力がつくとまた、ステージが上がって、もがき苦しむ。その繰り返しで、今の「狂わないシニカルなタモリ」が生まれた。

タモリだからできたという部分と、タモリでさえできた、という二面から、今のタモリは成り立つ。

キャリアとはそういうものだ。

翻って考えてほしい。普通の人は、もちろん「タモリさんのようにはなれない」だろう。機転を働かせ、斬新な視点から、場の空気を乱さず、笑いを醸し出すような、あの芸。それは天才にしかできない。頑張れば誰でもなれる、なんておためごかしは大嫌いだ。

しかし、一生懸命努力すれば、「少なくとも、今の自分よりは、相当に上達する」ことも確かだ。あの黙り、キレるタモリが、受け流して動じないタモリになれたのだから。

あなたがもしMC（司会者）になりたいとするなら、タモリにはなれなくても、頑張れば、少なくとも今の自分よりは格段に上手くなる。そして、なりたくて続けられて、そこそこ稼げるなら、才能は少なくとも一般人よりはある。

それが有名人レベルに到達し、年収何億なんて確率は万分の一だろう。

しかし、本気でMC一筋を誓えば、日々の糊口《ここう》をしのぐレベルにまではなれる。

天才論に傾く人物評価は、多くの人にそういう成長の道筋を忘れさせ、努力を無力と思わせる。が、それは誤りだ。

夢はかなう。

ただ、百点満点にかなうのは難しい。それくらいに思うのが夢への正しい対処法だろう。

夢にはこだわるな！　夢はまたいつだって見つかるから。

クランボルツを、このコンテクストで読み解く人はとても多いでしょう。

そして、その「新たな夢」は、たいていの場合、周囲の人が偶然もたらす。だから、出会いを豊富にし、彼らが示唆したことを前向きにとらえろ！

計画的偶発性の5条件をこう理解するのは、とてもスムーズですね。この解釈は、自分の想いだけで周囲が見えなくなっている若者たちに、「それではだめだ」と諭すときにとても有効でしょう。

でも、です。それだけだったら、「夢」で成功する人など出ないことになってしまいます。

そう、このいわゆる一般的な解釈は、クランボルツの本質の一部しか示していません。

そこで、第二原則、「夢はけっこうかなう」。可能性ある人は多いのに、踏み出さない、続かないで消えていくのです。とすると、踏み出し、続ければ夢はかなう。実は、5条件はこちらでも使える。

いったいどっちやねん、となるところで、第三原則。夢はしっかり消化しろ。消化してだめなら次に行け。つまり「代謝」が出てくる。これもまた5条件で解説ができる。

計画的偶発性はこの三つの掛け合わせなのです。で、そこに触媒として働くのが、「スタートラインに立てた人の2〜3割は成功する」という現実則。とすると、夢をきっちり代謝すれば、必ず「かなう」夢に行き着く。かなえるのでも、見つけるのでもなく、見つかるのです。

ジョブズはそれが早かった。さんまさんと松本さんも一発目で見つかった。たけしさんは曲折がずいぶんあった。タモリさんはさらにまた長い道のりがあった。

それだけのことでしょう。

さあみんな、夢に向かって頑張れ。そして、しっかり代謝しよう。

かなう夢はきっと見つかるから。

生煮えを繰り返して、夢など持つな！　という大人には決してならないようにね。

星海社新書
109

クランボルツに学《まな》ぶ夢《ゆめ》のあきらめ方《かた》

二〇一七年　四　月二五日　第一刷発行
二〇二四年　九　月一八日　第七刷発行

著　　者　海老原《えびはら》嗣生《つぐお》

発 行 者　太田《おおた》克史《かつし》
編集担当　今井《いまい》雄紀《ゆうき》

発 行 所　株式会社星海社
〒一一二-〇〇一三
東京都文京区音羽一-一七-一四　音羽YKビル四階
電　話　〇三-六九〇二-一七三〇
FAX　〇三-六九〇二-一七三一
https://www.seikaisha.co.jp

発 売 元　株式会社講談社
〒一一二-八〇〇一
東京都文京区音羽二-一二-二一
（販 売）〇三-五三九五-五八一七
（業 務）〇三-五三九五-三六一五

印 刷 所　TOPPAN株式会社
製 本 所　株式会社国宝社

アートディレクター　吉岡《よしおか》秀典《ひでのり》（セプテンバーカウボーイ）
デ ザ イ ナ ー　山田《やまだ》知子《ともこ》（チコルズ）
フォントディレクター　紺野《こんの》慎一《しんいち》
イ ラ ス ト　ふるやまなつみ
校　　閲　鷗来堂《おうらいどう》

ISBN978-4-06-138614-3
Printed in Japan

109
SEIKAISHA
SHINSHO

次世代による次世代のための

武器としての教養
星海社新書

星海社新書は、困難な時代にあっても前向きに自分の人生を切り開いていこうとする次世代の人間に向けて、ここに創刊いたします。本の力を思いきり信じて、みなさんと一緒に新しい時代の新しい価値観を創っていきたい。若い力で、世界を変えていきたいのです。

本には、その力があります。読者であるあなたが、そこから何かを読み取り、それを自らの血肉にすることができれば、一冊の本の存在によって、あなたの人生は一瞬にして変わってしまうでしょう。思考が変われば行動が変わり、行動が変われば生き方が変わります。著者をはじめ、本作りに関わる多くの人の想いがそのまま形となった、文化的遺伝子としての本には、大げさではなく、それだけの力が宿っていると思うのです。

沈下していく地盤の上で、他のみんなと一緒に身動きが取れないまま、大きな穴へと落ちていくのか？　それとも、重力に逆らって立ち上がり、前を向いて最前線で戦っていくことを選ぶのか？

星海社新書の目的は、戦うことを選んだ次世代の仲間たちに「武器としての教養」をくばることです。知的好奇心を満たすだけでなく、自らの力で未来を切り開いていくための〝武器〟としても使える知のかたちを、シリーズとしてまとめていきたいと思います。

2011年9月

星海社新書初代編集長　柿内芳文

SEIKAISHA SHINSHO